# GENTE COMÚN

### En las MANOS de un
### DIOS POCO COMÚN

D1208258

DE LOS ESCRITOS DE

# MAX LUCADO

# GENTE COMÚN

En las MANOS de un
DIOS POCO COMÚN

THOMAS NELSON
*Since 1798*

NASHVILLE   DALLAS   MEXICO CITY   RIO DE JANEIRO

Diseño de la portada: *Design2Go*
Fotografía del autor: *Kevin Schlatt*
Adaptación del diseño al español: *Grupo Nivel Uno, Inc.*

ISBN: 978-1-60255-267-8

Impreso en Estados Unidos de América

10 11 12 QG 15 14 13 12 11 10

Para Landon Saunders

Aún estoy alegre por tus palabras y agradecido por tu sonrisa.

# CONTENIDO

# CONTENIDO

# INTRODUCCIÓN

Sentado en la mesita de afuera del café, junto a la tuya, está un joven de veintitantos años, cabello oscuro. Su vestimenta sugiere que es de la clase obrera; sus músculos fornidos y la piel asoleada indican que trabaja a la intemperie. ¿Corta el césped? ¿Carpintería? Tú no quieres quedarte mirándolo... pero él tiene una apariencia diferente. Su tez y rasgos faciales lo identifican como extranjero. Tú no quieres quedarte mirándolo, pero antes de evitarlo, él se da cuenta y sonríe.

«Soy hebreo».

«¿Cómo dices?»

«No eres el primero en preguntarte quién soy yo. Soy hebreo. Solo he estado en Egipto un par de años».

Tú mueves tu silla en dirección suya y te inclinas hacia adelante. «¿Qué te trajo por aquí?»

«¿Te puedo decir la versión corta?»

Tú asientes con la cabeza y él empieza.

«Bueno, mi padre engañó a mi tío para que no recibiera su herencia. Por supuesto, mi abuela quería que mi padre estafara a mi tío. Ella era el cerebro de la maquinación. Tío Esaú, se enojó tanto por haber sido engañado que decidió matar a mi padre. Papá escapó con solo lo que tenía puesto encima, su cabeza sobre sus hombros y estaba feliz por ello. Él encontró refugio en la familia de mi tío abuelo. ¿Quizás hayas escuchado de Labán? Por supuesto que no. No hay razón para ello, excepto que él tenía una buena cantidad de ganado allá donde yo vivía. Bueno, papá se enamoró de una de las hijas de él, y sin querer, se casó con otra persona. Labán engañó al engañador. Parece que mi tía era demasiado hogareña para atrapar a un hombre, así que Labán atrapó a uno para ella. Papá al final de cuentas se casó con mamá. ¿Sabes? Ella era su favorita. Pero se demoraba en quedar embarazada, así que él tuvo un clan de hijos de otras mujeres, una de las cuales fue la hermana de mi madre, la que parecía hogareña. Para cuando yo nací, la casa estaba repleta de niños. Pero yo era el favorito suyo. Él me daba regalos y atención que los otros jamás recibieron. Eso los volvió celosos como abispas. Me vendieron a los comerciantes de esclavos, y terminé aquí en Egipto. Papá seguro que cree que estoy muerto. Pero no lo estoy. Sin embargo, tengo hambre. ¿Tienes planeado terminarte ese humus?»

Tú le entregas tu plato y te quedas mirando fijamente mientras él se llevaba la cuchara a la boca hasta terminar con todo lo que tenía y te preguntas qué clase de historia podría ser esta. Estafadores sinvergüenzas. Bribones que engañan a traidores. ¿Qué clase de gente es esta? Exactamente la clase que abarca el elenco de personajes de Dios. José y su familia son solo unos cuantos de los incultos y mequetrefes cuyas historias constituyen el mensaje de las Escrituras. Jacob chantajeó a Esaú a instancia de su madre, Rebeca. Tío Labán hizo un cambiazo de luna de miel tan sutil que Jacob no sabía que se había casado con la mujer equivocada hasta la mañana después de haberse hecho los votos y cortado el pastel. José paseándose como orgulloso pavo real, enfureciendo a los propios hermanos que se convirtieron en homónimos de las doce tribus de Israel y miembros del árbol genealógico de Jesús. Sí, ¡Jesucristo!

Si uno se trepa a su árbol genealógico encontrará manzanas plagadas de gusanos. Todo eso está expuesto en el primer capítulo del Nuevo Testamento. Mateo enumera a cuarenta y dos parientes, todos los cuales tienen un carácter cuestionable. ¿Tienes tiempo para unos cuantos ejemplos?

- Una de sus bisabuelas hizo de prostituta con la esperanza de estafar a Judá (uno de los hermanos de José) para que cumpla su palabra.
- Otra de sus bisabuelas no tuvo que hacer de prostituta. Lo era, y como madam presidía un lugarcito poco pretencioso en la zona roja de Jericó.

- Betsabé era un pilar del periodismo sensacionalista —la mujer hermosa que se estaba bañando ocupó un lugar en las Escrituras gracias al rey David.
- Y David. El matador de gigantes que no pudo acorralar su testosterona. El sujeto tenía más esposas que sentido común.
- Su hijo Salomón tenía esposas y dinero; dinero de verdad, esto es. ¿Alguna vez ha existido un rey tan rico y tan solo? «Vanidad de vanidades» está grabado en su lápida.

Los antepasados de Jesús. Una historia tras otra está marcada por el escándalo, tropiezo y la intriga. ¿Quiénes son estas personas?

Nosotros. Esas son.

Encontramos nuestras historias en las de ellos. Encontramos nuestra esperanza donde ellos encontraron la suya. En medio de todos ellos... reposando por encima de todos ellos... está el héroe de todo: Dios. Hacedor. Moldeador. Salvador de corazones acongojados. Dios. Ofreciendo llamamientos sublimes, segundas oportunidades y brújulas morales a todos lo que quisieran. A Moisés —quien asesinó; Sansón —quien se salió del camino correcto; Tomás —quien cuestionó a Dios; a Juan el Bautista —quien se vistió como un cavernícola y tuvo una dieta propia de un oso pardo.

Estas son las personas de la Biblia, rebosando de muchas más agallas y chispa que lo que mucha gente diría. Me encanta leer sus historias. A través de los años he intentado volverlas a contar. Este libro es una colección de algunos de esos esfuerzos. Permítame agradecer a Laura Kendall, Karen Hill y Andrea Lucado por administrar la cosecha. También agradezco a David Moberg y el equipo de Thomas Nelson por sugerir la idea.

Te ofrecemos estas páginas en base a una maravillosa promesa: si Dios pudo encontrar un lugar para estos personajes... quizás tenga un lugar para nosotros también. Un versículo valioso del libro de Hebreos implica esto mismo.

*Tanto Jesús, que nos santifica, como nosotros, que somos los santificados, tenemos un mismo origen. Por ello, Jesús no se avergüenza de llamarnos*

*hermanos, cuando dice: ...«Aquí estoy, con los hijos que Dios me ha dado».*
(Hebreos 2.11–13)

El pasaje tiene la sensación que produce una foto de una reunión familiar. Una colección de tías, tíos, primos y parientes reunidos para celebrar una boda, un picnic veraniego o un feriado. Todos los personajes curiosos de la familia están presentes. Un vagabundo, un borracho, el tío que nunca maduró y la tía que nunca se calla la boca. El primo fichado por la policía y el abuelo con su lenguaje picante. José con su vestimenta egipcia y su padre, Jacob, con sus ojos movedizos. Tío Labán y el rey David. Todos están aquí —incluyendo a Jesús. Él se sienta justo en medio de ellos, sonriendo como el papá orgulloso que es. «Aquí estoy, con los hijos que Dios me ha dado».

¿Puedes ver tu rostro en la foto? Espero que sí... estás en ella. Y él también está orgulloso de ti.

## Capítulo 1

# JOSÉ

Así fue el nacimiento de Jesucristo. Su madre, María, estaba comprometida con José. Pero antes de la boda, el Espíritu Santo hizo que quedara encinta. José, su novio, como era un hombre recto, quiso romper el compromiso en secreto, para no manchar el buen nombre de la joven. Mientras pensaba en esto se quedó dormido y un ángel se le apareció en sueños y le dijo: «José, hijo de David, no temas casarte con María, porque el hijo que lleva en las entrañas lo concibió ella del Espíritu Santo. María tendrá un hijo y lo llamarán Jesús, porque él salvará a su pueblo de sus pecados». De esta manera se cumplió lo que el Señor había anunciado a través del profeta que dijo: «¡Miren! La virgen concebirá y tendrá un hijo y lo llamarán Emanuel» (que quiere decir «Dios está con nosotros»). Al despertar de aquel sueño, José obedeció las palabras del ángel y se casó con María, aunque no tuvo relaciones sexuales con ella hasta que nació su hijo. Cuando el niño nació, José lo llamó Jesús.

Mateo 1.18–25

# La oración de José

E l espacio en blanco entre los versículos de la Biblia es suelo fértil para preguntas. Uno casi no puede leer las Escrituras sin susurrar: «Me pregunto...»

«Me pregunto si Eva alguna vez volvió a comer fruta».

«Me pregunto si Noé dormía bien durante las tormentas».

«Me pregunto si a Jonás le gustaba el pescado o si Jeremías tenía amigos».

«¿Evitaría Moisés las zarzas? ¿Contaba Jesús chistes? ¿Alguna vez habrá intentado Pedro volver a caminar sobre el agua?»

«¿Alguna mujer habría aceptado casarse con Pablo si él se lo hubiese pedido?»

La Biblia es un cerco lleno de agujeros por los que podemos espiar sin llegar a ver el cuadro completo. Es un álbum de fotografías que captan los encuentros de las personas con Dios, pero no siempre registran el resultado. De modo que nos preguntamos:

Cuando regresó a su casa la mujer adúltera, ¿qué le dijo a su marido?

Después de su liberación, ¿a qué se dedicó el endemoniado como medio de vida?

Después de que la hija de Jairo fue levantada de los muertos, ¿lo lamentó ella alguna vez?

Agujeros, fotografías y preguntas. Los hallará en cada capítulo acerca de cada persona. Pero ninguna cosa hace surgir tantas preguntas como el nacimiento de Cristo. Los personajes aparecen y desaparecen antes de que podamos preguntarles nada. El mesonero, demasiado ocupado para dar la bienvenida a Dios, ¿supo alguna vez a quién había rechazado? Los pastores, ¿alguna vez tararearon la canción que habían cantado los ángeles? Los magos que siguieron la estrella, ¿qué sintieron al adorar a un bebé? Y José, especialmente José. Tengo preguntas para él.

¿Alguna vez jugaron a luchar tú y Jesús? ¿Alguna vez te permitió Él ganar?

¿Alguna vez levantaste tu vista mientras orabas para descubrir que Jesús te estaba escuchando?

¿Cómo se dice *Jesús* en egipcio?

¿Qué les sucedió a los magos?

¿Qué te sucedió a ti?

No sabemos lo que le sucedió a José. Su papel en el primer acto es tan fundamental que esperamos verlo durante el resto del drama, pero a excepción de una corta escena en Jerusalén con un Jesús de doce años, nunca vuelve a aparecer. El resto de su vida queda liberado a la especulación y a nosotros se nos deja con nuestras preguntas.

Pero de todas ellas, primero formularía una acerca de Belén. Me gustaría saber algo sobre la noche en el pesebre. Puedo imaginarme a José en ese lugar. Pasto iluminado por la luna. Las estrellas que titilan en el cielo. Belén que brilla a lo lejos. Y él caminando afuera del establo.

¿En qué estaría pensando mientras nacía Jesús? ¿Qué cosas llenaban su mente mientras María daba a luz? Había hecho todo lo que podía hacer: calentar el agua, preparar un sitio para que María se recostase. Había intentado dar a María la mayor comodidad que pudiese lograrse en un establo y luego había salido. Ella había pedido estar a solas y José nunca se ha sentido más solo.

En esa eternidad que transcurre entre el pedido de su esposa de estar a solas y la llegada de Jesús, ¿en qué pensaba? Caminaba bajo el cielo nocturno y miraba a las estrellas. ¿Habrá orado?

Por algún motivo no me lo imagino en silencio; veo a José enérgico, dando pasos. Sacudiendo primero la cabeza y después el puño. Esto no es lo que él tenía pensado. Me pregunto lo que decía…

Esta no era la forma en que yo planeé esto Dios. En absoluto. ¿Mi hijo naciendo en un establo? Así no es como lo había pensado. ¿Una cueva con ovejas, burros, heno y paja? ¿Mi esposa dando a luz con las estrellas como único testigo de su dolor?

Esto no se parece en absoluto a lo que había imaginado. No, me había imaginado a la familia. Me imaginaba abuelas. Me imaginaba vecinos en grupos fuera de la puerta y amigos a mi lado. Me imaginaba la casa reventando con el primer grito del niño. Golpes en la espalda. Risas fuertes. Júbilo.

Así pensé que sería.

La partera me daría a mi hijo y todo el pueblo aplaudiría. María descansaría y nosotros celebraríamos. Toda Nazaret celebraría.

Pero ahora. Mira ahora. Nazaret está a cinco días de distancia. Y nosotros aquí en una... en un establo de ovejas. ¿Quién celebrará con nosotros? ¿Las ovejas? ¿Los pastores? ¿Las estrellas?

Esto no está bien. ¿Qué clase de esposo soy? No he provisto una partera para que asista a mi esposa. Ni una cama para que descanse su espalda. Su almohada es una manta de mi burro. Mi casa para ella es un cobertizo de heno y paja.

El olor es feo, los animales son ruidosos. Hasta yo mismo huelo a pastor.

¿Se me olvidó algo? ¿No es así Dios?

Cuando enviaste al ángel y hablaste del hijo que nacería, no fue esto lo que me imaginé. Pensé en Jerusalén, el templo, los sacerdotes y el pueblo reunido para observar. Una fiesta pública. Un desfile. Por lo menos un banquete. Después de todo, ¡este es el Mesías!

O si no podía nacer en Jerusalén, ¿qué tal en Nazaret? ¿No habría sido mejor Nazaret? Al menos allí tengo mi casa y mi negocio. Aquí ¿qué tengo? Una mula cansada, una pila de leña y una olla de agua tibia. ¡No quería que sucediese de este modo! Así no es como quería que llegase mi hijo.

¡Caramba, lo hice otra vez! Lo volví a hacer ¿verdad Padre? No es mi intención hacerlo; sólo que se me olvida. Que Él no es mi hijo... es tuyo.

El niño es tuyo. La idea es tuya. Perdóname por preguntártelo pero... ¿Es así como entra Dios al mundo? He aceptado la venida del ángel. Puedo tolerar las preguntas que me hicieron las personas con respecto al embarazo. Acepto el viaje a Belén. Pero, ¿Dios por qué un nacimiento en un establo?

En cualquier momento María dará a luz. No a un niño sino al Mesías. No a una criatura sino a Dios. Eso es lo que dijo el ángel. Eso es lo que cree María. Y Dios, Dios mío, eso es lo que quiero creer. Pero con seguridad puedes comprender; no me resulta fácil. Parece tan... tan... tan... raro.

No estoy acostumbrado a tanta rareza, Dios. Soy un simple carpintero. Me dedico a lograr que las cosas encajen. Hago que cuadren los bordes. Respeto la línea de la plomada. Mido dos veces antes de cortar. Las sorpresas no son amigas de los constructores. Me gusta conocer el plan. Me gusta verlo antes de comenzar.

Pero en esta ocasión yo no soy el constructor ¿verdad? Esta vez soy sólo un instrumento. Un martillo en tus manos. Un clavo entre tus dedos. Un cincel en tus manos. El proyecto es tuyo no mío.

Supongo que es necio de mi parte cuestionarte. Perdona mi forcejeo. La confianza no es algo que me venga con facilidad, Dios. Pero nunca dijiste que sería fácil ¿verdad?

Por último Padre. ¿Ese ángel que enviaste? ¿Existe alguna posibilidad de que pudieses enviarme otro? ¿Si no puede ser un ángel, tal vez a una persona? No conozco a nadie por aquí y me vendría bien un poco de compañía. ¿El mesonero o un viajante tal vez? Hasta un pastor me vendría bien.

Me pregunto. ¿Alguna vez expresaría José una oración semejante? Quizás lo hizo. O tal vez no.

Pero es probable que lo hayas hecho tú.

Has estado parado en el sitio donde estuvo José. Atrapado entre lo que dice Dios y lo que te parece lógico a ti. Has hecho lo que Él te dijo que hicieras para luego cuestionarte si realmente fue Él quien te habló. Has elevado tu vista a un cielo oscurecido por la duda. Y has preguntado lo que preguntó José.

Has preguntado si sigues estando en el camino correcto. Has preguntado si se suponía que girases a la izquierda cuando lo hiciste hacia la derecha.

Y has preguntado si existe algún plan que apoye este proyecto. Las cosas no han resultado de la manera que pensabas.

Cada uno de nosotros conoce la sensación que produce buscar luz en la noche. No del lado de afuera de un establo, sino tal vez afuera de una sala de emergencias. En la grava al costado del camino. En el césped bien cuidado de un cementerio. Hemos formulado nuestras preguntas. Hemos cuestionado el plan de Dios. Y nos hemos preguntado por qué Dios obra de la manera que lo hace.

El cielo de Belén no es el primero en escuchar las plegarias de un peregrino confundido.

Si estás expresando las mismas preguntas que José se formuló permíteme que te inste a hacer lo que él hizo. Obedece. Eso fue lo que hizo. Obedeció. Cuando lo llamó el ángel. También cuando María le explicó. Obedeció cuando Dios lo mandó.

Fue obediente a Dios.

Fue obediente cuando el cielo brillaba.

Fue obediente cuando el cielo estaba oscuro.

No permitió que su confusión alterara su obediencia. No lo sabía todo. Pero hizo lo que sabía. Cerró su negocio, empacó con su familia y se fue a otro país. ¿Por qué? Porque eso fue lo que Dios le dijo que hiciese.

¿Y tú? Al igual que José, no puedes ver el cuadro completo. De la misma manera que José, tu tarea es ver que Jesús adentre una parte de tu mundo. Y al igual que José puedes escoger: obedecer o desobedecer. Por haber obedecido José, Dios lo usó para cambiar al mundo.

¿Puede hacer lo mismo contigo?

Aún hoy en día Dios busca hombres como José. Hombres y mujeres que crean que Dios no ha terminado su obra en este mundo. Gente común que sirve a un Dios poco común.

¿Serás tú de ese tipo de persona? ¿Servirás aun cuando no comprendas?

No, el cielo de Belén no fue el primero en escuchar las plegarias de un corazón sincero, ni el último. Y posiblemente Dios no respondió a todas las preguntas de José. Pero contestó la más importante. «Dios, ¿aún estás conmigo?» Y por medio de los primeros llantos del niño Dios llegó la respuesta.

«Sí. Sí, José. Estoy contigo».

Existen muchas preguntas acerca de la Biblia que no podremos responder hasta llegar a nuestro hogar. Muchos agujeros y fotografías. Muchas ocasiones en las que reflexionaremos: «Me pregunto…»

Pero en nuestros cuestionamientos existe una pregunta que nunca hace falta que formulemos. ¿Se interesa Dios? ¿Le importamos a Dios? ¿Ama aún a sus hijos?

Por medio del pequeño rostro del bebé nacido en el establo dice que sí.

Sí, tus pecados te son perdonados.

Sí, tu nombre está escrito en los cielos.

Sí, la muerte ha sido derrotada.

Y sí, Dios ha entrado a tu mundo.

Emanuel. Dios con nosotros.

## PARA REFLEXIONAR Y EXAMINAR

1.  Describe algún momento en que hayas estado atrapado entre lo dicho por Dios y lo que parecía ser lógico.
2.  ¿Qué relación existe entre nuestra obediencia y la guía divina? ¿Por qué resulta inútil pedirle a Dios dirección para tu vida si estás desobedeciendo algún mandato de las Escrituras?
3.  ¿Cuáles instancias de tu pasado te llevaron a cuestionar el motivo por el que Dios obró de la manera que lo hizo?
4.  ¿Qué es lo que sucede por lo general con tu actitud cuando cuestiona la forma en que maneja Dios tu vida o tus circunstancias? ¿Existe un patrón que puedas discernir?
5.  Lee Hebreos 3.12–19. ¿Cuál es el consejo que se da en el versículo 13 para ayudarnos a obedecer a Dios juntos? Observa la íntima relación que existe entre la obediencia y la fe en los versículos 18 y 19. ¿Cuál es esa relación?

## Capítulo 2

# MATEO

*Al salir del lugar, Jesús vio a Mateo, un cobrador de impuestos que estaba sentado junto a la mesa donde se pagaban los tributos. «Sígueme», le dijo Jesús. Mateo se levantó y se fue con él. Ese mismo día cenó Jesús en su casa. Y junto con sus discípulos había muchos cobradores de impuestos y gente pecadora. Al ver eso, los fariseos se indignaron.*

*—¿Por qué su Maestro anda con gente de esa calaña? —preguntaron a los discípulos.*

*Jesús alcanzó a oír aquellas palabras y les respondió:*

*—Porque los sanos no necesitan médico, y los enfermos sí. Vayan y traten de entender el texto que dice: «Misericordia quiero, no sacrificios», porque yo no he venido a llamar a los buenos, sino a los malos.*

Mateo 9.9–13

# Amigo de fracasados

«Al salir del lugar, Jesús vio a Mateo, un cobrador de impuestos que estaba sentado junto a la mesa donde se pagaban los tributos. "Sígueme", le dijo Jesús. Mateo se levantó y se fue con él» (Mateo 9.9).

Lo sorprendente de esta invitación es a quién se le hace: a un recaudador de impuestos. Combina la codicia de un ejecutivo malversador con la arrogancia de un mal evangelista de televisión. Agrega la audacia de un abogado y la cobardía de un francotirador. Revuelve esto con una pizca de moralidad de un proxeneta, concluye con el código de ética de un traficante de drogas. ¿Qué obtienes?

Un recaudador de impuestos del primer siglo.

Según los judíos, estos individuos estaban escasamente por encima del plancton de la cadena alimentaria. El césar permitía que estos ciudadanos judíos impusieran impuestos a casi todo: tu barca, los peces que atrapabas, tu casa, tus cosechas. Después de dar su cuota al césar, se podían quedar con el resto.

Mateo era un recaudador *público* de impuestos. Los cobradores privados de impuestos contrataban otros individuos para que hicieran el trabajo sucio. Los cobradores públicos, como Mateo, simplemente llegaban en su limosina al sector pobre de la ciudad y se establecían allí; tan torcidos como sacacorchos.

El nombre que le habían puesto era Leví (Marcos 2.14; Lucas 5.27-28). ¿Aspirarían sus padres a que entrara al sacerdocio? De ser así, era un fracasado en el círculo familiar.

Podrías apostar a que Mateo era un rechazado. ¿Comidas al aire libre en el vecindario? Nunca lo invitaban. ¿Reuniones del colegio? A alguien con su renombre no lo incluían en la lista. A este personaje lo evitaban tanto como a un estreptococo A. Todos se mantenían a distancia de Mateo.

Todos, excepto Jesús, quien le dijo: «Sígueme». Mateo «se levantó y se fue con él» (Mateo 9.9).

El publicano debió haber estado maduro. Jesús no tuvo necesidad de insistirle. Entre signos de puntuación, los dudosos amigos de Mateo y los ingenuos seguidores de Jesús intercambian direcciones. «Luego Leví le ofreció a Jesús un gran banquete en su casa. También invitó a muchos de los recaudadores de impuestos y a otras personas» (Lucas 5.29).

¿Qué propósito supones tú que tenía la fiesta? Intentemos imaginarlo. Veo a Mateo regresando a su oficina y empacando. Quita de la pared la placa de Traidor del Año, y esconde el certificado de la Academia de Negocios Turbios. Sus colegas empiezan a hacer preguntas.

—¿Qué pasa, Teo? ¿Te vas en un crucero?

—Hola, Mateo, ¿te echó tu mujer?

Mateo no sabe qué decir. Farfulla algo acerca de un cambio de trabajo. Pero hace una pausa al llegar a la puerta. Sosteniendo su caja llena de artículos de oficina, mira hacia atrás. Lo observan como avergonzados, como con tristeza y confusión.

Siente un nudo en la garganta. Ah, estos hombres no son gran cosa. Los padres advierten a sus hijos en contra de esta gente. Vocabulario mordaz. Moralidad de Mardi Gras. Mantienen el número telefónico de sus corredores de apuestas en sistema de discado rápido. El gorila del Club de Caballeros les envía tarjetas de cumpleaños. Un amigo es un amigo. Pero, ¿qué puede hacer Mateo? ¿Invitarlos a que conozcan a Jesús? Sí, cómo no. A ellos les gustan tanto los predicadores como los carniceros a las ovejas. ¿Decirles que sintonicen el canal religioso en la televisión? Pensarían que para seguir a Cristo es necesario tener cabello de algodón de azúcar. ¿Y si a hurtadillas dejara en sus escritorios pequeños tratados de la Tora? Para nada, no los leerían.

Por tanto, al no saber qué más hacer, Mateo se encoge de hombros y asiente con la cabeza. «¡Estas alergias!», dice frotándose un ojo empañado.

Lo mismo vuelve a ocurrir más tarde ese mismo día. El recaudador entra a un bar para saldar su cuenta. La decoración no es elegante: un lugar de mala muerte con profundo olor a humo de cigarrillos, una araña de

Budweiser sobre la mesa de billar y una rocola en la esquina. Para Mateo no es el country club sino su casa en su camino a casa. Cuando le dice al dueño que no vuelve más, el cantinero responde:

—¡Caramba, Teo! ¿Qué pasa?

Mateo masculla una excusa acerca de un traslado de trabajo, pero se queda con una sensación de vacío en el estómago.

Más tarde se encuentra con Jesús en una cena y comenta su problema.

—Se trata de mis amigos. Tú sabes, los muchachos de la oficina y los chicos del bar.

—¿Qué pasa con ellos? —pregunta Jesús.

—Bueno, mira, tenemos una pandilla. Voy a extrañarlos. Por ejemplo, José, aunque es tan resbaloso como una sardina, los domingos visita huérfanos. ¿Y Bruno, el del gimnasio? Te puede aplastar como a una cucaracha, pero nunca he tenido un mejor amigo. Me ha pagado la fianza tres veces.

—¿Cuál es el problema? —Jesús le hace señas para que continúe.

—Es que voy a extrañar a esos tipos. Es decir, no tengo nada contra Pedro, Santiago y Juan, pero ellos son domingo en la mañana y yo soy sábado en la noche. Tengo mi propio círculo, ¿sabes?

Jesús comienza a sonreír y mueve la cabeza de un lado al otro.

—Mateo, Mateo, ¿crees que vine a ponerte en cuarentena? Seguirme no significa que te olvides de tus amigos. Todo lo contrario. Quiero conocerlos.

—¿Hablas en serio?

—¿Es judío el sumo sacerdote?

—Pero, Jesús, estos tipos… La mitad de ellos están en libertad condicional. José no ha usado medias desde su Bar Mitzvah.

—Mateo, no me refiero a una reunión religiosa. Déjame preguntarte: ¿Qué te gusta hacer? ¿Bolos? ¿Jugar monopolio? ¿Qué tal juegas el golf?

Los ojos de Mateo brillaron.

—Tienes que verme cocinar —dijo—. Me las arreglo con los filetes como una ballena con Jonás.

—Perfecto —sonríe Jesús—. Entonces organiza una fiesta de despedida. Un fiestón inolvidable. Reúne a la pandilla.

Mateo se encarga de todo. Llama al servicio de comidas y bebidas, a su ama de llaves y a su secretaria.

—Telma, haz correr la voz. Comida y bebida esta noche en mi casa. Di a los muchachos que vengan y traigan chicas.

Por lo tanto, Jesús va a parar a la casa de Mateo, una mansión de dos niveles con vista al mar de Galilea. Estacionados afuera hay desde BMW y Harley hasta limosinas. Además, la gente adentro indica que se trata de cualquier cosa menos de una conferencia clerical.

Aretes en los tipos y tatuajes en las chicas. Cabello peinado con fijador. Música que cala las raíces de los dientes. Y zumbando en medio del grupo está Mateo, quien hace más conexiones que un electricista. Conecta a Pedro con el bajista del club de recaudadores de impuestos, y a Marta con el personal de la cocina. Simón el celote encuentra a un compañero de discusiones en el colegio. ¿Y Jesús? Sonriendo. ¿Qué podría ser mejor? Santos y pecadores en el mismo salón, sin que nadie trate de determinar quién es quién. Pero quizás una hora después de anochecer se abra la puerta y entre una brisa helada. «Los fariseos y los maestros de la ley que pertenecían a su mismo grupo, se molestaron con los discípulos de Jesús y les dijeron: ¿Por qué comen y beben ustedes con recaudadores de impuestos y con pecadores?» (Lucas 5.30).

Entra la policía religiosa y su piedad de labios apretados. Enormes libros negros bajo los brazos. Tan risueños como guardias de prisiones siberianas. Cuellos clericales tan apretados que resaltan las venas.

Mateo es el primero en sentir la reacción. «Vaya religioso que eres —le dice uno, prácticamente arqueando el músculo de una ceja—. Mira con quiénes andas».

El publicano no sabe si enojarse o escapar. Antes de tener tiempo de decidirse, Jesús interviene, y explica que está donde debe estar. «Porque los sanos no necesitan médico, y los enfermos sí... no he venido a llamar a los buenos, sino a los malos» (versículos 31–32).

Qué historia. Mateo pasa de estafador a discípulo. Hace una fiesta que pone nerviosos a los religiosos, pero que enorgullece a Jesús. Los tipos buenos parecen buenos, y los malos se largan. Vaya historia.

¿Qué hacemos con ella?

Depende de qué lado de la mesa del recaudador estés. Tú y yo somos Mateo. No me mires de esa manera. Hay mucho de estafador en el mejor de nosotros como para ser dignos de la mesa de Mateo. Tal vez nunca has recaudado impuestos, pero te has tomado libertades con la verdad, has tomado crédito que no era tuyo, te has aprovechado de los débiles. ¿Tú y yo? Mateo.

Si aún estás en la mesa, recibes una invitación: «Sígueme». ¿Y qué si tu reputación es pueblerina? Así pasó con Mateo. Podrías terminar escribiendo tu propio evangelio.

Si te has levantado de la mesa, recibes una aclaración. No tienes que ser raro para seguir a Jesús. No tienen que dejar de gustarte tus amistades para seguirlo. Todo lo contrario. Presentarle a algunas personas sería bueno. ¿Sabes cómo asar un filete en la parrilla?

Hace algún tiempo me pidieron que jugara una partida de golf. El cuarteto incluía dos predicadores, un líder de iglesia, y un «Mateo, A.C.». A este no le atraía la idea de pasar cuatro horas con tres cristianos, dos de los cuales eran expertos en el púlpito. Su mejor amigo, que era seguidor de Cristo y jefe suyo, insistió, y entonces aceptó. Me da gusto decir que proclamó que la experiencia fue indolora. En el noveno hoyo se dirigió a uno de nosotros.

—Me encanta que ustedes sean normales —dijo, sonriendo.

Pienso que quiso decir: «Me encanta que no me golpearan el rostro ni me dieran con un palo King James. Gracias por reírse de mis chistes y contar algunos. Gracias por ser normales». No bajamos los estándares. Pero tampoco nos subimos a un caballo alto. Fuimos normales. Normales y agradables.

A veces el discipulado se define como ser normales.

Una mujer en una pequeña comunidad de Arkansas era madre soltera con un frágil bebé. Su vecina la visitaba a menudo y cuidaba el niño para que ella pudiera ir de compras. Después de algunas semanas su vecina compartió más que tiempo con ella; compartió su fe, y la mujer hizo lo mismo que Mateo. Siguió a Cristo.

Los amigos de la joven madre protestaron.

—¿Sabes qué enseñan esas personas? —protestaron.

—Esto es lo que sé —les dijo—. Cuidaron de mi bebé.[1]

Creo que a Jesús le gusta esta clase de respuesta. ¿Qué opinas tú?

## PARA REFLEXIONAR Y EXAMINAR

1. ¿Qué hay de bueno en tener santos y pecadores en el mismo salón?
2. ¿Qué hay de bueno en no tratar de imaginar quién pertenece a qué grupo?
3. ¿Por qué la fiesta de Mateo puso nerviosos a los religiosos?
4. ¿Qué situaciones similares ves hoy día? ¿Respondes generalmente a ellas como Cristo o como los líderes religiosos? ¿Por qué?
5. ¿Qué quiere decir Max cuando pregunta: «¿Sabes cómo asar un filete a la parrilla?» ¿Cómo contestarías esa pregunta?

*Capítulo 3*

# LA MUJER QUE LAVÓ LOS PIES DE JESÚS

Un fariseo invitó a Jesús a comer. Él fue a la casa del fariseo y se sentó a la mesa. Entonces una mujer que vivía en aquel pueblo y tenía mala fama, se enteró de que Jesús estaba comiendo en aquella casa. La mujer llegó allí con un frasco de alabastro lleno de perfume. Se colocó, llorando, a los pies de Jesús, y con sus lágrimas se los mojaba. Luego se los secaba con sus cabellos, se los besaba y se los ungía con el perfume. Cuando el fariseo que había invitado a Jesús vio esto pensó: «Si este hombre fuera profeta, sabría que lo está tocando una mujer que tiene mala fama»...

[Jesús dijo:] Por eso te digo que ella ama mucho porque sus muchos pecados le han sido perdonados. Pero al que se le perdonan pocos pecados, poco ama.

Lucas 7.36-39, 47

# EL PRINCIPIO 7.47

¿Podrían ser dos personas más distintas?

A él quieren seguirlo. A ella la degradan.

Él es líder en la iglesia. Ella es una mujer de la calle.

Él se gana la vida promoviendo principios morales. Ella se gana la vida rompiéndolos.

Él es el anfitrión de la fiesta. Ella entró sin invitación.

Pregúntale a los residentes de Capernaúm cuál de los dos es más piadoso, y verás cómo eligen a Simón. Porque, al fin y al cabo, estudia teología, es un hombre de hábito. Todos lo elegirían a él. Es decir, todos menos Jesús. Jesús los conocía a los dos. Y Jesús elegiría a la mujer. Jesús elige a la mujer. Y no sólo eso, sino que le explica a Simón por qué lo hace.

No porque a Simón le interese saberlo. Su mente está en otra cosa. *¿Cómo pudo colarse en mi casa esta mujer de la calle?* No sabe ni a quién gritarle primero, si a la mujer o al sirviente que la dejó entrar. No olvidemos que se trata de una cena formal. Sólo se puede asistir con invitación. La clase alta. La crema y nata. ¿Quién dejó entrar a esa mujerzuela?

Simón está enojado. *Sólo miren a la mujer arrastrándose a los pies de Jesús. ¡Y nada menos que besándoselos! Desde luego, si Jesús fuera quien de verdad dice ser, no tendría nada que ver con esta mujer.*

Una de las lecciones que aprendió Simón ese día fue: No tengas pensamientos que no quieres que Jesús oiga. Porque Jesús los oyó, y después de oírlos, decidió compartir con Simón algunos de los de Él.

Entonces Jesús le dijo: —Simón, tengo algo que decirte.

Él respondió: —Dime, Maestro.

—Dos hombres le debían dinero a un prestamista. Uno le debía quinientas monedas de plata, y el otro cincuenta. Como ellos no tenían con qué pagarle, les perdonó a los dos la deuda. Ahora dime, ¿cuál de los dos lo amará más?

Simón contestó: —Supongo que el hombre al que más le perdonó.

Jesús le dijo: —Haz juzgado bien.

Luego, mirando a la mujer le dijo a Simón: —¿Ves a esta mujer? Cuando entré en tu casa, no me diste agua para mis pies, pero ella me ha lavado los pies con sus lágrimas y me los ha secado con sus cabellos. Tú no me saludaste con un beso, pero ella desde que entré, no ha dejado de besarme los pies. Tú no me ungiste la cabeza con aceite, pero ella me ungió los pies con perfume. Por eso te digo que ella ama mucho porque sus muchos pecados le han sido perdonados. Pero al que se le perdonan pocos pecados, poco ama. (Lucas 7.40–47)

Simón invita a Jesús a su casa pero lo trata como a un pariente que molesta. No tiene gestos amables hacia él. No lo recibe con un beso. No le lava los pies. No hay aceite para ungirle la cabeza.

O, traduciéndolo a nuestra época, nadie le abrió la puerta, le colgó el abrigo, ni le estrechó la mano. Hasta Drácula hubiera tenido mejores modales.

Simón no hace nada para que Jesús se sienta bienvenido. En cambio, la mujer hizo todo lo que no hizo Simón. No sabemos su nombre. Sólo su reputación: una pecadora. Lo más probable es que fuera una prostituta. No la habían invitado a la fiesta. Tiene mala fama en la comunidad. (Imagínate que una prostituta con un traje corto y ajustado se presenta en la fiesta de Navidad del pastor. La gente se vuelve a mirarla. Algunos se sonrojan. ¡Vaya sorpresita!)

Pero el «qué dirán» no la hizo desistir de ir a la fiesta. No vino por la gente. Es por Él. Cada uno de los movimientos de la mujer es medido y significativo. Todos sus gestos son extravagantes. Apoya las mejillas en los pies de Jesús, todavía polvorientos del camino. Ella no tiene agua, pero sí lágrimas. No tiene toalla, pero tiene su cabello. Usa ambas cosas para lavarle los pies a Cristo. Abre un frasco de perfume, quizás su única posesión valiosa, y lo derrama sobre la piel de Jesús. El aroma es tan ineludible como la ironía.

Quizás pensaríamos que Simón sería el que mostraría tal amor. ¿Acaso no es él reverendo de la iglesia, el estudioso de las Escrituras? Pero Simón es seco y distante. Pensaríamos que la mujer trataría de evitar a Jesús. ¿Acaso no es la mujer de la noche, la mujerzuela del pueblo? Pero no puede resistirse a Él. El «amor» de Simón es medido y tacaño. En cambio, el amor de ella es extravagante y arriesgado.

¿Cómo se puede explicar la diferencia entre los dos? ¿Práctica? ¿Educación? ¿Dinero? No, pues Simón la aventaja en las tres.

Pero hay un área en la que la mujer le hace «comerse el polvo». ¿Cuál crees que es? ¿Qué ha descubierto ella y que Simón ignora? ¿Qué tesoro ella aprecia y que Simón pasa por alto? Sencillo: el amor de Dios. No sabemos cuándo lo recibió. No se nos dice cuándo oyó hablar de él. ¿Será que por casualidad oyó a Jesús cuando dijo: «Ustedes sean compasivos, así como su Padre es compasivo» (Lucas 6.36)? ¿Andaría por ahí cerca cuando Jesús se compadeció de la viuda de Naín? ¿Le habrá contado alguien que Jesús tocaba a los leprosos y convertía en discípulos a cobradores de impuestos? Lo ignoramos. Pero hay una cosa que sí sabemos: llegó sedienta. Sedienta por su culpabilidad. Sedienta por su arrepentimiento. Sedienta por incontables noches haciendo el amor sin encontrarlo. Vino con sed.

Y cuando Jesús le pasa la copa de la gracia, se la bebe. No le da una probadita o un sorbo. No moja un dedo y se lo chupa ni bebe la copa a sorbitos. Se acerca el líquido a los labios. Bebe y traga como el peregrino sediento que es. Bebe hasta que la misericordia le baja por la garganta. Y el cuello. Y el pecho. Bebe hasta que se le humedece cada pulgada del alma. Hasta que se le suaviza. Viene sedienta. Y bebe. Bebe hasta terminar la copa.

Simón, en cambio, ni siquiera sabe que tiene sed. La gente como Simón no necesita la gracia; sino que la analiza. No necesita misericordia; la debate y la prorratea. No es que Simón no pudiera recibir perdón; sencillamente nunca lo pidió.

Así que, mientras ella bebe de la copa, él se infla. Mientras ella tiene un montón de amor que dar, él no puede ofrecer ninguno. ¿Por qué? El principio 7.47. Lee otra vez el versículo 47 del capítulo 7: *«Pero al que se le perdonan pocos pecados, poco ama»*. Igual que el enorme avión, el principio 7.47 tiene alas muy amplias. Igual que el avión, esta verdad te puede elevar a otro nivel. Léelo una vez más: *«Pero al que se le perdonan pocos pecados, poco ama»*. En otras palabras, no podemos dar lo que no hemos recibido. Si nunca hemos recibido amor, ¿cómo podemos amar a otros?

¡Pero vaya que lo intentamos! Cómo si pudiéramos evocar el amor por la fuerza de la voluntad. Cómo si dentro de nosotros hubiera una destilería de afecto que sólo necesitara un trozo de madera o un fuego más caliente. ¿Cuál suele ser nuestra estrategia para tratar con las relaciones problemáticas? Volver a tratar con más fuerza.

«¿Mi cónyuge necesita que lo perdone? No sé cómo, pero voy a hacerlo».

«No importa lo mucho que me cueste, voy a ser amable con ese vagabundo».

«¿Se supone que tengo que amar a mi vecino? Muy bien. ¡Lo voy a hacer!»

Así que lo intentamos. Dientes apretados. Mandíbula firme. ¡Vamos a amar aunque nos cueste la vida! Y puede que eso sea justo lo que sucede.

¿Será que nos estamos saltando un paso? ¿Será que el primer paso en el amor no es hacia la gente, sino hacia Él? ¿Será que el secreto de amor es recibir? Das amor si lo recibes primero. «Como ven ustedes, si amamos a Dios es porque él nos amó primero» (1 Juan 4.19).

¿Deseas amar más? Comienza por aceptar tu lugar como un hijo amado. «Por tanto, imiten a Dios como hijos amados. Y vivan amando a los demás, siguiendo el ejemplo de Cristo, que nos amó» (Efesios 5.1–2).

¿Quieres aprender a perdonar? Entonces piensa en todas las veces que has recibido perdón. «Al contrario, sean bondadosos entre ustedes, sean compasivos y perdónense las faltas los unos a los otros, de la misma manera que Dios los perdonó a ustedes por medio de Cristo» (Efesios 4.32).

¿Te resulta difícil poner a otros primero? Piensa en la forma en que Cristo te puso a ti primero: «aunque él era igual a Dios, no consideró esa igualdad como algo a qué aferrarse» (Filipenses 2.6).

¿Necesitas más paciencia? Bebe de la paciencia de Dios (2 Pedro 3.9). ¿Te esquiva la generosidad? Entonces considera lo generoso que ha sido Dios contigo (Romanos 5.8). ¿Te cuesta trabajo relacionarte con parientes malagradecidos o con vecinos refunfuñones? Dios se relaciona con nosotros aún cuando actuamos de la misma manera. «Porque él es bueno tanto con los ingratos como con los malos» (Lucas 6.35).

¿Podemos amar así?

No sin la ayuda de Dios. Puede que lo logremos durante un cierto tiempo. Puede que, como Simón, abramos una puerta. Pero nuestras relaciones necesitan algo más que un simple gesto educado. Algunos de nuestros cónyuges necesitan que les lavemos los pies. Algunos de nuestros amigos necesitan un baño de lágrimas. Nuestros hijos necesitan que los cubramos con el aceite de nuestro amor.

Pero si nosotros no hemos recibido estas cosas, ¿cómo podemos dárselas a otros? Separados de Dios, «Nada hay tan engañoso ni tan absolutamente perverso como el corazón» (Jeremías 17.9). No tenemos en nosotros el amor necesario para salvar un matrimonio. La devoción que hace falta para mantener las amistades tampoco está en nuestros corazones. Necesitamos ayuda de una fuente externa. Una transfusión. ¿Podemos amar como Dios ama? Para lograrlo, tenemos que comenzar recibiendo el amor de Dios.

Los predicadores somos culpables de habernos saltado el primer paso. Les decimos a nuestras iglesias: «¡Ámense los unos a los otros!» «Sean pacientes, amables, perdonen», animamos a la gente. Pero instruir a la gente a amar sin antes explicarles que son amados, es como expedir un cheque sin haber depositado dinero en la cuenta. Entonces no es de extrañar que haya tantas relaciones «sobregiradas». Los corazones no tienen suficiente amor. Él apóstol Juan nos modela el orden correcto. Hace un depósito antes de decirnos que expidamos el cheque. Primero, el depósito:

Dios nos demostró su amor enviando a su único Hijo a este perverso mundo para darnos vida eterna por medio de su muerte. Eso sí es amor verdadero. No se trata de que nosotros hayamos amado a Dios, sino de que él nos amó tanto que estuvo dispuesto a enviar a su único Hijo como sacrificio expiatorio por nuestros pecados. (1 Juan 4.9–10)

Y luego de hacer un depósito tan espléndido y llamativo, Juan nos pide a ti y a mí que saquemos la chequera: «Amados, ya que Dios nos ha amado tanto, debemos amarnos unos a otros» (v. 11).

El secreto de amar es vivir siendo amado. Este es el primer paso que olvidamos en nuestras relaciones. ¿Recuerdas la oración de Pablo? «Pido también que, por medio de la fe, Cristo habite en sus corazones... y se cimienten en el amor » (Efesios 3.17). Al igual que los árboles sacan sus nutrientes de la tierra, nosotros las obtenemos del Padre. Pero ¿qué pasa si el árbol no tiene contacto con la tierra?

Ayer estaba pensando en esto mientras desmontaba nuestro árbol de Navidad. Esta es mi típica tarea del Año Nuevo: quitar los adornos, sacar el árbol de la casa y barrer todos los alfileres, ¡que son miles! El árbol se está haciendo pedazos. La culpa de esto es la raíz débil. Por dos semanas este árbol ha estado plantado en una maceta de metal. ¿Qué puede obtener de la base que aguanta el árbol?

El viejo Simón tenía el mismo problema. Su aspecto impresionaba, estaba muy bien decorado, pero se hacía pedazos cuando le dabas uno o dos empujones.

¿Te suena esto familiar? ¿Toparte con ciertas personas te deja frágil, quebradizo y sin fruto? ¿Te desmoronas fácilmente? Si es así, tu amor debe estar arraigado en la tierra equivocada. Puede tener raíces en el amor de otras personas (que es voluble) o en nuestra decisión de amar (que es frágil). Juan nos dice que «Dios es amor, y el que vive en amor vive en Dios y Dios en él» (1 Juan 4.16). Él es la única fuente de poder.

Mucha gente nos dice que tenemos que amar. Sólo Dios nos da el poder para hacerlo.

Sabemos lo que Dios quiere que hagamos. «Su mandamiento es que … nos amemos unos a otros, como lo mandó» (1 Juan 3.23). Pero, ¿cómo podemos hacerlo? ¿Cómo podemos ser cariñosos con la gente que no cumple sus promesas? ¿Con los antipáticos? ¿Cómo ser amables con personas tan frías como témpanos de hielo y tan tiernas como puerco espín? ¿Cómo perdonar a los engañadores que conocemos? ¿Cómo podemos amar del mismo modo que Dios nos ama? Queremos hacerlo. Lo anhelamos. Pero ¿cómo podemos hacerlo?

Si vivimos recibiendo amor. Si seguimos el principio 7.47: primero recibir, segundo amar.

¿Te gustaría intentarlo? Llevemos este principio hasta la cima de los textos sobre el amor. Más de una persona ha aclamado 1 Corintios 13 como el mejor capítulo de la Biblia. No hay palabras que capturen tanto el corazón de la gente que se ama como estos versículos. Y no hay versículos que lleguen hasta el corazón del capítulo como los versículos 4 al 9.

El amor es paciente, es benigno; el amor no es envidioso; el amor no es presumido ni orgulloso; no se comporta con rudeza ni es egoísta ni se enoja fácilmente ni guarda rencor; al amor no le gustan las injusticias y se regocija cuando triunfa la verdad. El amor disculpa todos los errores, siempre confía en la persona amada, espera de ella lo mejor y todo lo soporta. Un día se dejará de profetizar y de hablar en lenguas, y el saber ya no será necesario, pues sabemos muy poco y profetizamos imperfectamente; pero siempre existirá el amor.

Hace varios años alguien me desafió a sustituir la palabra *amor* en este pasaje con mi nombre. Lo hice, y resulté ser un mentiroso: «Max es paciente, Max es benigno. Max no es envidioso, no es presumido, no es orgulloso…» ¡Eso es suficiente! ¡Para ya! Esas palabras son falsas. Max no es paciente. Max no es amable. Pregúntales a mi esposa y a mis hijas. ¡Max puede ser un zoquete! Ese es mi problema.

Y por muchos años ese fue mi problema con este pasaje. Establecía un estándar que no podía alcanzar. Nadie lo puede alcanzar. Nadie, excepto

Cristo, claro está. ¿Acaso este pasaje no describe el inmensurable amor de Dios? Insertemos el nombre de Cristo en lugar de la palabra *amor* y veamos si concuerda.

Jesús es paciente, es benigno; Jesús no es envidioso; Jesús no es presumido ni orgulloso; no se comporta con rudeza ni es egoísta ni se enoja fácilmente ni guarda rencor; a Jesús no le gustan las injusticias y se regocija cuando triunfa la verdad. Jesús disculpa todos los errores, siempre confía en la persona amada, espera de ella lo mejor y todo lo soporta. Un día se dejará de profetizar y de hablar en lenguas, y el saber ya no será necesario, pues sabemos muy poco y profetizamos imperfectamente; pero siempre existirá Jesús.

En vez de dejar que este texto nos haga pensar en un amor que no podemos producir, dejemos que nos recuerde un amor al que no podemos resistirnos. El amor de Dios.

Algunos de ustedes están sedientos de este tipo de amor. Aquellos que pudieron amarlos no lo hicieron. Te abandonaron en el hospital. Te abandonaron en el altar. Te dejaron con una cama vacía. Con un corazón roto. Con una duda interna: «¿Hay alguien que me ame?»

Por favor, escucha la respuesta del cielo. Dios te ama. De forma personal. Poderosamente. Apasionadamente. Otros te han prometido lo mismo y han fallado. Pero Dios hizo una promesa y la ha cumplido. Él te ama con un amor incondicional. Y su amor —si se lo permites— te puede llenar y dejar con un amor que vale la pena compartir.

Ven, ven con sed y tómate toda la copa.

# Para reflexionar y examinar

1. Lee 1 Juan 4.19. ¿Estás de acuerdo en que no podemos dar lo que nunca hemos recibido? Explica tu respuesta.
2. ¿Cómo se «recibe» el amor? ¿Cómo se «rechaza» el amor?
3. ¿Cómo puedes cubrir a otros «con el aceite» de tu amor? ¿En qué sentido necesitas tú ser cubierto «con el aceite» del amor de otros?
4. Lee Lucas 7.36–50. ¿Qué principio desarrolló Jesús en el v. 47? ¿Cómo se relaciona esto con tu vida? Explica.
5. Piensa en la persona más cercana a ti (cónyuge, amigo, hijo, padre o madre, etc.). Haz una lista, respondiendo a la pregunta: «¿Qué puedo hacer para mostrarle mejor mi amor a esta persona?» Antes de que termine la semana, comienza a hacer por lo menos una de las cosas que escribiste en la lista.

Capítulo 4

# MEFIBOSET

*(También había un nieto del rey Saúl llamado Mefiboset, hijo del príncipe Jonatán, que era lisiado de los pies. Tenía cinco años cuando Saúl y Jonatán murieron en Jezrel. Cuando esta mala noticia llegó a la capital, la niñera agarró a Mefiboset y huyó, pero se le cayó mientras corrían, y el niño quedó cojo.)* ...

El rey entonces le preguntó: —¿Ha quedado alguien vivo de la familia de Saúl? Si es así, quiero cumplir un voto, mostrándome misericordioso con él.

—Sí, mi rey —respondió Síba—, aún vive un hijo de Jonatán, el cual es tullido de los dos pies.

—¿Dónde vive? —volvió a preguntar el rey.

—En Lo Debar, en la casa de Maquir hijo de Amiel —respondió Síba.

De inmediato, el rey David envió por Mefiboset hijo de Jonatán y nieto de Saúl. Mefiboset llegó y se inclinó delante del rey David, quien le preguntó:

—¿Eres tú Mefiboset?

—Sí, aquí está su siervo —le respondió.

David le dijo: —No tengas miedo. Te he enviado a buscar porque quiero ayudarte, tal como se lo prometí a tu padre Jonatán. Te devolveré todas las tierras que pertenecieron a tu abuelo Saúl, y de aquí en adelante vivirás en mi palacio.

Mefiboset entonces se inclinó de nuevo delante del rey, y dijo: —¿Debe el rey mostrar tanta bondad con un perro muerto como yo?

El rey llamó a Síba, el siervo de Saúl, y le dijo: —He dado al nieto de tu amo todo lo que pertenecía a Saúl y a su familia. Tú y tus hijos y tus sirvientes le trabajarán la tierra a fin de proporcionar alimento a su familia. Pero él vivirá aquí conmigo y se sentará a mi mesa.

Síba, que tenía quince hijos y veinte siervos, contestó: —Mi rey, haré todo lo que usted me ha ordenado.

Desde aquel momento, Mefiboset comió regularmente con el rey David, como si fuera uno de sus hijos.

2 Samuel 4.4; 9.3–11

# El privilegio de los
# indigentes

*A* *dvertencia: El contenido de este capítulo puede despertar hambre. Tal vez quiera leerlo en la cocina.*

Mi primer pastorado fue en Miami, Florida. En la congregación teníamos más que unas cuantas señoras sureñas a quienes les encantaba cocinar. Les caí bien puesto que era un hombre soltero a quien le encantaba comer. A la iglesia le entusiasmaba tener comidas colectivas los domingos por la noche y un *banquete* trimestral.

En algunas comidas colectivas en ciertas iglesias los que cocinan simplemente llevan lo que sea que tengan en casa y los demás tienen que conformarse con lo que hay. No ocurría así con esta iglesia. Nuestras comidas colectivas eran verdaderos acontecimientos. Los comercios del área nos pedían que les avisáramos con anticipación para poder aprovisionar sus anaqueles. La venta de libros de cocina subió. Gente a la que nunca se veía en las bancas se podía encontrar en la fila de la comida. Para las mujeres era una competencia culinaria informal y para los hombres un atracón abierto.

Vaya que era bueno, una verdadera cornucopia de utensilios. Jugoso jamón a la piña, frijoles al horno, escabeches condimentados, torta de nueces... (¡Ah, no! Se me ha hecho agua la boca.) ¿Todavía te preguntas por qué hay tantos predicadores gordos? Uno entra al ministerio por comidas como esas.

Como soltero contaba con esos alimentos para mi estrategia de supervivencia. Mientras otros planeaban qué cocinar, yo estudiaba las técnicas de almacenamiento que usan los camellos. Sabiendo que debía llevar algo, me las arreglaba para buscar en los anaqueles de mi cocina los domingos por la tarde. El resultado era calamitoso: Una vez llevé una lata de maníes consumida a medias; en otra ocasión preparé media docena de emparedados de mermelada. Una de mis mejores contribuciones fue un paquete de papitas fritas sin abrir; otra más modesta fue una lata de sopa de tomates también sin abrir.

No era mucho, pero nadie jamás se quejó. Es más, por la forma en que las señoras actuaban, uno pensaría que había llevado el pavo para la cena de Acción de Gracias. Recibían mí lata de maníes y la ponían en una mesa larga junto con el resto de los platillos y me entregaban un plato. «Adelante, Max. No te cohíbas. Llena tu plato». ¡Y lo hacía! Puré de papas y salsa. Rosbif. Tomaba un poco de todo, excepto los maníes.

¡Llegaba como un indigente y comía como rey!

Aunque Pablo nunca estuvo en una de estas comidas, le hubiera encantado el simbolismo. Hubiera dicho que Cristo hace por nosotros precisamente lo que aquellas damas hicieron por mí. Nos da la bienvenida a su mesa en virtud de su amor y a petición nuestra. No son nuestras ofrendas lo que nos concede un lugar en el banquete; a decir verdad, cualquier cosa que llevemos se verá ridículamente de poco valor en su mesa. Su única demanda es que admitamos que tenemos hambre, porque «¡Dichosos los que tienen hambre y sed de justicia, porque quedarán satisfechos!» (Mateo 5.6).

Nuestra hambre, entonces, no es un anhelo que se debe evadir sino más bien un deseo dado por Dios que se debe atender. Nuestra debilidad no es algo para echar a un lado sino para confesarse. ¿No es esta la médula de las palabras de Pablo cuando escribe: «Cuando éramos incapaces de salvarnos, Cristo llegó en el momento oportuno y murió por los pecadores. Es muy difícil que alguien dé su vida por una persona justa y buena, aunque, en efecto, pudiera darse un caso así. Dios, no obstante, nos demostró su amor al enviar a Cristo a morir por nosotros, aun cuando éramos pecadores» (Romanos 5.6–8)?

## EL RETRATO DE UN INDIGENTE

El retrato que Pablo pinta de nosotros no es atractivo. «Éramos incapaces», «pecadores», «enemigos» de Dios (Romanos 5.6, 8, 10). Tales son las personas por las que Dios murió.

El terapeuta familiar, Paul Faulkner, cuenta de un hombre que se propuso adoptar a una adolescente. Uno pondría en duda la lógica del padre. La muchacha era destructora, desobediente y mentirosa. Un día llegó a la casa después de clases y la saqueó buscando dinero. Cuando el padre llegó, ella no estaba y la casa estaba echa un desastre.

Al oír sobre sus acciones, los amigos le instaron a que no finalizara la adopción. «Déjala que se vaya», le dijeron. «Después de todo, no es tu hija en realidad». Su respuesta fue simple: «Sí, lo sé. Pero le dije que lo era».[1]

También, Dios ha hecho un pacto para adoptar a su pueblo. Nuestra rebelión no invalida su pacto. Una cosa es amarnos cuando somos fuertes, obedientes y dispuestos. Pero, ¿cuando saqueamos su casa y nos robamos lo que es suyo? Esta es la prueba del amor.

Y Dios pasa la prueba. «Dios, no obstante, nos demostró su amor al enviar a Cristo a morir por nosotros, aun cuando éramos pecadores» (Romanos 5.6–8).

Las señoras de nuestra iglesia no me veían a mí ni a mis maníes y decían: «Regresa cuando hayas aprendido a cocinar».

El padre no mira la casa destrozada y dice: «Regresa cuando hayas aprendido a respetar».

Dios no miró nuestras vidas arruinadas y dijo: «Moriré por ti cuando lo merezcas».

David tampoco miró a Mefiboset y dijo: «Te rescataré cuando hayas aprendido a caminar».

Mefibo... ¿qué?

Mefiboset. Cuando oigas su historia verás por qué menciono su nombre. Sacude el polvo de los libros 1 y 2 Samuel y allí lo verás.

(También había un nieto del rey Saúl llamado Mefiboset, hijo del príncipe Jonatán, que era lisiado de los pies. Tenía cinco años cuando Saúl y Jonatán murieron en Jezrel. Cuando esta mala noticia llegó a la capital, la niñera agarró a Mefiboset y huyó, pero se le cayó mientras corrían, y el niño quedó cojo.) (2 Samuel 4.4)

Los paréntesis que encierran el versículo no son errores de imprenta. Mefiboset está en una especie de paréntesis en la Biblia. El versículo no nos dice mucho acerca de él; apenas su nombre (Mefiboset), su calamidad (se cayó de los brazos de la niñera), su deformidad (cojo) y luego sigue con la historia.

Pero eso basta para hacer unas pocas preguntas. ¿Quién era este niño? ¿Por qué la Biblia narra su historia? Un poco de antecedentes será útil.

Mefiboset era hijo de Jonatán, nieto de Saúl, primer rey de Israel. Saúl y Jonatán murieron en batalla dejando el trono que ocuparía David. En aquellos días el nuevo rey con frecuencia afirmaba su posesión del territorio exterminando a la familia del rey anterior.

David no tenía intención de seguir esta tradición, pero la familia de Saúl no lo sabía. De modo que escaparon de prisa. Su especial preocupación fue Mefiboset, de cinco años, porque a la muerte de su padre y tío era el presunto heredero al trono. Si David tenía la intención de asesinar a los herederos de Saúl, este niño sería el primero en la lista. De modo que la familia salió huyendo. Pero en la prisa del momento, Mefiboset se cayó de los brazos de la niñera quedando con ambos pies permanentemente dañados. Por el resto de su vida sería cojo.

Si la historia empieza a serte familiar, debería serlo. Tú y él tienen mucho en común. ¿No naciste también en realeza? ¿Y no llevas las lesiones de la caída? ¿Y acaso no hemos vivido todos temiendo a un rey que nunca hemos visto?

Mefiboset comprendería que Pablo nos pinte como indigentes, «cuando éramos incapaces» (Romanos 5.6). Por casi dos décadas el joven príncipe vivió en una tierra distante, incapaz de ir hasta el rey, con demasiado miedo como para hablar con él. No podía valerse por sí mismo.

Mientras tanto, el reino de David prosperaba. Bajo su liderazgo Israel creció diez veces su tamaño original. No conoció derrota en el campo de batalla ni insurrección en su corte. Israel estaba en paz. El pueblo estaba agradecido. Y David, el pastor hecho rey, no se olvidó de la promesa que le hizo a Jonatán.

## LA PROMESA DEL REY

David y Jonatán fueron como dos teclas en un piano. Cada uno por separado producía música, pero juntos producían armonía. Jonatán «lo quería tanto [a David] como a sí mismo» (1 Samuel 20.17). Su legendaria amistad se enfrentó a la máxima prueba el día en que David se enteró de que Saúl planeaba matarle. Jonatán juró salvar a David y a su vez le pidió a su amigo un favor: « seguirás leal a mi familia. Y después que el Señor haya destruido a todos tus enemigos, que Dios te juzgue si tú y tu casa no muestran amor a mis descendientes» (1 Samuel 20.15–16).

¿No sabías que para David este fue un preciado recuerdo? ¿Puedes imaginártelo algunos años más tarde reflexionando sobre ese momento? De pie en el balcón, desde donde se contempla la ciudad segura. Cabalgando por los exuberantes sembrados. Vestido con su armadura inspeccionando su capaz ejército. ¿Hubo tiempos en que quedaba abrumado por la gratitud? ¿Hubo ocasiones en que pensaba: *¿Si no hubiese sido porque Jonatán me salvó la vida, nada de esto hubiera ocurrido?*

Tal vez un momento así de reflexión le animó a que se volviera a sus servidores y les «preguntó si quedaba algún descendiente de Saúl, pues quería mostrarle misericordia, de acuerdo con lo prometido a su amigo Jonatán» (2 Samuel 9.1).

Se sabe que quienes se sostienen en manos de la gracia hacen tales preguntas. ¿Hay algo que pueda hacer por alguna otra persona? ¿Podría ser bondadoso con alguien debido a que otros lo han sido conmigo? Esto no es maniobra política. David no buscaba hacer el bien para ganarse el aplauso de la gente. Tampoco hacía algo bueno para que alguien le devolviera el favor. Lo impulsaba el pensamiento singular que él también una vez fue débil. Y en su debilidad recibió ayuda. David, mientras huía de Saúl, reunía los requisitos para el epitafio que da Pablo: «Cuando éramos incapaces de salvarnos» (Romanos 5.6).

David fue librado; ahora desea hacer lo mismo. Un criado llamado Siba conoce a un descendiente:

—Sí, mi rey —respondió Siba—, aún vive un hijo de Jonatán, el cual es tullido de los dos pies.

—¿Dónde vive? —volvió a preguntar el rey.

—En Lo Debar, en la casa de Maquir hijo de Amiel —respondió Siba. (2 Samuel 9.3–4)

Una sola frase y David supo que tenía más de lo que había imaginado. El muchacho estaba «tullido de los dos pies». ¿Quién hubiera culpado a David por preguntarle a Siba: «¿Hay alguna otra alternativa? ¿Algún otro pariente sano?»

*¿Quién hubiera cuestionado si razonaba: Un tullido no caería bien entre la gente del castillo. Sólo la elite se mueve por estos recintos; ¡este muchacho ni siquiera puede andar! ¿Y qué servicio pudiera proporcionar! No tiene bienes, ni educación, ni preparación. ¿Y quién sabe qué apariencia tendrá! Todos estos años ha estado viviendo en… ¿dónde dijo que estaba? Lodebar. Incluso el nombre significa «lugar desierto». Seguramente hay alguien al que pueda ayudar que no esté tan necesitado.*

Pero tales palabras nunca se pronunciaron. La única respuesta de David fue: «¿Dónde vive?» (v. 4).

*Un hijo.* Uno se pregunta cuánto tiempo pasó desde que Mefiboset escuchó que le llamaban hijo. En todas las referencias previas se le conoce como tullido. Cada vez que se menciona hasta aquí le sigue su defecto. Pero las palabras de David no hacen referencia a su aflicción. No pregunta: «¿Dónde está Mefiboset, este muchacho con problemas?», sino que pregunta: «¿Dónde vive?»

Muchos saben lo que es llevar un estigma. Cada vez que se menciona su nombre, la calamidad les sigue.

«¿Han oído de Juan últimamente? ¿Saben? Acaba de divorciarse».

«Recibimos una carta de Gerardo. ¿Lo recuerdas? ¿El alcohólico?»
«Rosario está de nuevo en la ciudad. Qué lástima que tenga que criar a sus hijos sola».
«Vi a Melisa hoy. No sé por qué no puede conservar ningún empleo». Como un fastidioso hermano, tu pasado te sigue a dondequiera que vayas. ¿No hay alguien que te vea por lo que eres y no por lo que hiciste? Sí. Hay uno. Tu rey. Cuando Dios se refiere a ti no menciona tu condición, dolor ni problema; Él te permite participar de su gloria. Te llama su hijo.

No nos acusa constantemente, ni permanece enojado para siempre. No nos ha castigado conforme a lo que merecemos por todos nuestros pecados, porque su misericordia para los que le temen es tan grande como la altura de los cielos sobre la tierra. Ha arrojado nuestros pecados tan lejos de nosotros como está el oriente del occidente. El Señor es para nosotros como un padre, compasivo para con los que le temen. Porque él sabe lo débiles que somos, sabe que somos polvo. (Salmo 103.9–14)

Mefiboset llevó veinte años su estigma. Cuando la gente mencionaba su nombre, señalaba su problema. Pero el rey no mencionó su defecto físico. Y una palabra desde el palacio sobrepasa a mil voces en las calles.

Los mensajeros de David viajaron hasta la puerta de Mefiboset, le llevaron al carruaje y lo escoltaron al palacio. Lo llevaron ante el rey, donde se postró rostro en tierra y confesó: «Aquí está su siervo» (2 Samuel 9.6). Su miedo era comprensible. Aunque quizás le dijeron que David era bondadoso, ¿qué seguridad tenía? Aunque los emisarios tal vez le dijeron que David no pensaba hacerle ningún mal, tenía miedo. (¿No lo tendrías tú?) La ansiedad se veía en el rostro apoyado en el piso. Las primeras palabras que le dirigió David fueron: «No tengas miedo».

Dicho sea de paso, a tu rey se le conoce por decir lo mismo. ¿Sabes que el mandamiento que más repitieron los labios de Jesús fue: «No temas»? ¿Sabes que la única frase que aparece en cada libro de la Biblia es «No temas», procediendo del cielo?

A Mefiboset lo llamaron, hallaron y rescataron, pero todavía necesitaba seguridad. ¿No la necesitamos todos? ¿No somos como el invitado tembloroso que necesita seguridad de que estamos postrándonos ante un rey bondadoso? Pablo dice que tenemos esa seguridad. El apóstol señala a la cruz como nuestra garantía del amor de Dios. «Dios, no obstante, nos demostró su amor al enviar a Cristo a morir por nosotros, aun cuando éramos pecadores» (Romanos 5.8). Dios demostró su amor para con nosotros sacrificando a su Hijo.

Anteriormente Dios había enviado profetas para que predicaran; ahora ha enviado a su Hijo a que muera. Anteriormente Dios comisionó a los ángeles para que ayudaran; ahora ha ofrecido a su Hijo para que redima. Cuando temblamos, nos señala la sangre salpicada en los maderos cortados y dice: «No temas».

Durante los primeros días de la Guerra Civil de Estados Unidos, un soldado de la Unión fue arrestado y acusado de deserción. Incapaz de probar su inocencia, se le condenó y sentenció a morir como los desertores. Su apelación logró llegar hasta el escritorio de Abraham Lincoln. El presidente sintió misericordia por el soldado y firmó el perdón. El soldado regresó al ejército, luchó durante toda la guerra y murió en la última batalla. En el bolsillo del pecho encontraron la carta firmada por el presidente.[2]

Cerca del corazón del soldado se encontraban las palabras del perdón de su líder. Halló valor en la gracia. Me pregunto cuántos más han encontrado valor en la gloriosa cruz de su Rey.

## EL PRIVILEGIO DE LA ADOPCIÓN

Así como David guardó su promesa hecha a Jonatán, Dios guarda la promesa que nos ha hecho. El nombre Mefiboset significa «el que quita la vergüenza». Y eso es exactamente lo que David intentaba hacer por el joven príncipe.

En rápida sucesión David le devolvió a Mefiboset todas sus tierras, sembrados y criados y luego insistió para que el lisiado comiera en la mesa del rey. ¡No sólo una, sino cuatro veces!

> «Te devolveré todas las tierras que pertenecieron a tu abuelo Saúl, *y de aquí en adelante vivirás en mi palacio*».
>
> «[Mefiboset] *se sentará a mi mesa*».
>
> « Mefiboset *comió regularmente con el rey David*, como si fuera uno de sus hijos».
>
> «Mefiboset, *que era tullido de ambos pies, se fue a vivir al palacio real en Jerusalén, y siempre comía en la mesa del rey*». (2 Samuel 9.7, 10, 11, 13, cursivas mías)

Haz una pausa e imagínate la escena en el comedor real. ¿Puedo ceder mi pluma a Charles Swindoll para que lo ayude?

La campana llamando a la cena resuena en el palacio del rey y David se dirige a la cabecera de la mesa y toma asiento. En pocos momentos Amnón, el astuto y ladino Amnón, se sienta a la izquierda de David. La encantadora y agraciada Tamar, joven hermosa y lozana, llega y toma asiento junto a Amnón. Entonces del otro lado del pasillo Salomón camina lentamente desde su estudio; precoz, brillante y preocupado. El evidente heredero se sienta con calma. Y luego Absalón toma asiento, bien parecido, simpático, con hermosa cabellera suelta, negra como el cuervo y llegándole a los hombros. Esa noche en particular a Joab, el valeroso guerrero y comandante de las tropas de David, lo han invitado a la cena. Joab, musculoso y bronceado, toma asiento cerca del rey. Después, esperan. Oyen el ruido de pies que se arrastran, el tump, tump, tump de las muletas de Mefiboset que, más bien desmañadamente, se dirige a su lugar en la mesa y se deja caer en su asiento ... y el mantel cubre sus pies. Te pregunto: ¿Comprendió Mefiboset lo que es la gracia?[3]

Y yo te pregunto: ¿Ves nuestra historia reflejada en la de Mefiboset? Hijos de realeza, lisiados por la caída, para siempre manchados por el pecado. Viviendo parentéticamente en las crónicas de la tierra sólo para que el Rey les recuerde. Impulsado no por nuestra belleza sino por su promesa, nos llama e invita a que tomemos un lugar permanente en su mesa. Aun cuando a menudo cojeamos más que andamos, ocupamos nuestro lugar junto a otros pecadores hechos santos y tenemos parte en la gloria de Dios.

¿Puedo hacerte una lista parcial de lo que te espera en su mesa?

Ya no te espera ninguna condenación (Romanos 8.1).

Eres libre de la ley (Romanos 7.6).

Estás cerca de Dios (Efesios 2.13).

Eres libre del poder del mal (Colosenses 1.13).

Eres miembro de su reino (Colosenses 1.13).

Eres justificado (Romanos 5.1).

Eres perfecto (Hebreos 10.14).

Te han adoptado (Romanos 8.15).

Tienes acceso a Dios en cualquier momento (Efesios 2.18).

Eres parte de su sacerdocio (1 Pedro 2.5).

Jamás te abandonará (Hebreos 13.5).

Tienes una herencia imperecedera (1 Pedro 1.4).

Eres partícipe con Cristo en la vida (Colosenses 3.4), en el cielo (Efesios 2.6), sufrimiento (2 Timoteo 2.12) y servicio (1 Corintios 1.9).

Tú eres un:

miembro de su cuerpo (1 Corintios 12.13),

rama en la vid (Juan 15.5),

piedra en el edificio (Efesios 2.19–22),

novia para el Esposo (Efesios 5.25–27),

sacerdote en la nueva generación (1 Pedro 2.9), y

una morada del Espíritu (1 Corintios 6.19).

Posees (¡observa esto!) toda bendición espiritual posible. Dios «nos bendijo con toda clase de bendiciones espirituales en los cielos porque pertenecemos a Cristo» (Efesios 1.3). Este es el don ofrecido al más ruin pecador en la tierra. ¿Quién podría hacer tal oferta si no Dios? «De la abundancia que hay en él, todos hemos recibido bendición sobre bendición» (Juan 1.16).

Pablo habla por todos al preguntar:

¡Qué inmensas son las riquezas de la sabiduría y del conocimiento de Dios! ¡Qué difícil es entender sus decisiones y explicar lo que hace! ¿Quién podrá escudriñar los pensamientos del Señor? ¿Quién es su consejero? ¿Y quién puede haberle dado algo al Señor para sentirse con derecho a cobrarle? Porque, todo fue creado por Dios, existe por él y para él. ¡A él sea la gloria siempre! Así sea. (Romanos 11.33–36)

Como Mefiboset, somos hijos del Rey. Y como yo en Miami, nuestra ofrenda más grande es como los maníes comparado con lo que se nos da.

## PARA REFLEXIONAR Y EXAMINAR

1. «No son nuestras ofrendas lo que nos concede un lugar en el banquete; a decir verdad, cualquier cosa que llevemos se verá ridículamente de poco valor en su mesa. Su única demanda es que admitamos que tenemos hambre». ¿Qué quiere decir Max al indicar que debemos admitir nuestra «hambre»? ¿Cómo lo hacemos? ¿Lo has hecho tú? Explica.

2. «Dios no miró nuestras vidas arruinadas y dijo: "Moriré por ti cuando lo merezcas"». Si Dios hubiera dicho tal cosa, ¿cómo te afectaría eso ahora mismo? ¿Hay alguien que haya merecido que Dios muera por él? Explica.

3. Considera la lista de bendiciones en la mesa de Dios que se menciona en las páginas XXX en este capítulo. ¿Cuál de estas bendiciones es la más preciada para ti? ¿Por qué? ¿Cuál de estas bendiciones parece ser la más distante para ti? ¿Por qué? ¿Cómo puede el conocimiento de estas bendiciones afectar prácticamente la manera en que vives?

4. Lee Mateo 5.6. ¿Qué grupo de personas describe Jesús en este versículo? ¿Qué promesa les da?

5. ¿Piensas que estás incluido en este grupo? Explica.

Capítulo 5

# LA MUJER
# SAMARITANA

Allí estaba el pozo de Jacob. Jesús, cansado del viaje, se sentó junto al pozo. Era cerca del mediodía... En eso, llegó una mujer de Samaria a sacar agua. Jesús le dijo: —Dame un poco de agua.

Pero como los judíos no se llevaban bien con los samaritanos, la mujer le respondió: —¿Cómo se te ocurre pedirme agua, si tú eres judío y yo soy samaritana?

Jesús le contestó: —Si supieras lo que Dios puede darte y quién es el que te está pidiendo agua, serías tú la que le pediría agua a él y él te daría agua que da vida.

La mujer le dijo: —Señor, ni siquiera tienes con qué sacar el agua y el pozo es muy hondo. ¿Cómo me vas a dar agua que da vida? Nuestro antepasado Jacob nos dejó este pozo y de aquí bebía agua él, sus hijos y su ganado. ¿Acaso eres tú superior a Jacob?

Jesús respondió: —Cualquiera que beba de esta agua volverá a tener sed, 14pero el que beba del agua que yo le dé, no volverá a tener sed jamás, porque dentro de él esa agua se convertirá en un manantial del que brotará vida eterna.

La mujer le dijo: —Señor, dame de esa agua para que no vuelva a tener sed ni tenga que venir aquí a sacarla.

Jesús le dijo: —Ve a llamar a tu esposo y regresa acá.

La mujer respondió: —No tengo esposo.

Jesús le dijo: —Has dicho la verdad en cuanto a que no tienes esposo, porque has tenido cinco y el que ahora tienes no es tu esposo.

La mujer le dijo: —Señor, me parece que eres profeta... Yo sé que viene el Mesías, al que llaman el Cristo. Cuando él venga nos explicará todas las cosas.

Jesús le dijo: —Ése soy yo, el que está hablando contigo...

La mujer dejó su cántaro, corrió al pueblo y le decía a la gente: —Vengan a ver a un hombre que me ha dicho todo lo que he hecho. ¿No será éste el Cristo?

Juan 4.6--19, 25--26, 28--29

# DOS LÁPIDAS

Yo había pasado en automóvil por ese lugar innumerables veces. Diariamente pasaba por la pequeña parcela camino a mi oficina. Diariamente me decía: *Algún día tendré que detenerme allí.*

Hoy, llegó ese «algún día». Convencí a mi atareado horario para que me diera treinta minutos y manejé.

La intersección no parece ser distinta a todas las demás en San Antonio: un Burger King, un Rodeway Inn, un restaurante. Pero voltea hacia el noroeste, pasa debajo del letrero de hierro fundido y te encontrarás con una zona histórica que se defiende en contra del río del progreso.

¿El nombre que está en el letrero? Cementerio Locke Hill.

En lo que me estaciono, un cielo oscurecido amenaza con llover. Una senda solitaria me invitó a caminar en medio de más de doscientas lápidas. Los robles paternales formaban un arco encima de mí, proveyendo un techo al solemne pasaje. El pasto crecido, aún mojado por el rocío de la mañana, rozaba mis tobillos.

Las lápidas, aunque erosionadas y desportilladas, vivían en el ayer.

*Ruhet in herrn* (Descansa en el Señor) acentúa los marcadores que llevan nombres como Schmidt, Faustman, Grundmeyer y Eckert.

Ruth Lacey está enterrada aquí. Nació en la época de Napoleón —1807. Murió hace más de un siglo —1877.

Yo estaba parado en el mismo lugar donde una madre lloró en un día frío hace ocho décadas. La lápida leía simplemente: «Bebé Boldt —Nació y murió el 10 de diciembre de 1910».

Harry Ferguson de dieciocho años de edad fue enterrado en 1883 bajo estas palabras: «Duerme dulcemente joven peregrino cansado». Me pregunté qué lo agotó tanto.

Luego lo vi. Estaba cincelado en una lápida en el extremo norte del cementerio. La piedra marca el destino del cuerpo de Grace Llewellen Smith. No se indicó la fecha de nacimiento ni la fecha de fallecimiento. Solo los nombres de sus dos esposos y este epitafio:

*Duerme, pero no descansa.*
*Amó, pero no fue amada.*
*Trató de agradar, pero no agradó.*
*Murió tal como vivió —sola.*

Palabras de inutilidad.

Miré fijamente al marcador y me pregunté acerca de Grace Llewellen Smith. Me pregunté acerca de su vida. Me pregunté si ella había escrito las palabras. . . o simplemente las vivió. Me pregunté si mereció el dolor. Me pregunté si era una amargada o derrotada. Me pregunté si era sencilla. Me pregunté si era hermosa.

Me pregunté por qué algunas vidas son muy fructíferas mientras que otras son tan inútiles.

Me di cuenta que me estaba preguntando en voz alta: «Sra. Smith, ¿qué fue lo que partió su corazón?»

Las gotas de lluvia corrían la tinta mientras copiaba las palabras.

*Amó, pero no fue amada. . .*

Largas noches. Lechos vacíos. Silencio. No había contestación a los mensajes que se habían dejado. No se correspondieron las cartas escritas. No se intercambió amor por el amor ofrecido.

*Trató de agradar, pero no agradó. . .*

Yo podía escuchar el hacha de la desilusión.

«¿Cuántas veces tengo que decirte?» Zas.

«Nunca llegarás a ser nada». Zas. Zas.

«¿Por qué no puedes hacer nada bien?» Zas, zas, zas.

*Murió tal como vivió —sola.*

¿Cuántas Grace Llewellen Smiths hay? ¿Cuántas personas morirán en la soledad en que están viviendo? Los que viven por las calles en Atlanta. El que va de cantina en cantina en Los Ángeles. Una señora vagabunda en Miami. El predicador en Nashville. Cualquier persona que duda si el mundo la necesita. Cualquier persona que está convencida que nadie realmente se interesa por nada.

Cualquier persona que recibió un anillo, pero nunca un corazón; crítica, pero nunca una oportunidad; una cama, pero nunca descanso.

Estas son las víctimas de la inutilidad.

Y a menos que alguien intervenga, a menos que algo suceda, el epitafio de Grace Smith será el de ellos.

Por eso es que la historia que estás a punto de leer es importante. Es la historia de otra lápida. Esta vez, sin embargo, la lápida no señala la muerte de una persona —señala su nacimiento. Ella entrecierra sus ojos debido al sol del mediodía. Sus hombros están caídos por el peso del cántaro de agua. Sus pies caminan con dificultad, sacudiendo polvo en el camino. Ella mantiene la mirada abajo para poder esquivar las miradas fijas de los demás.

Ella es una samaritana; conoce el aguijón del racismo. Ella es una mujer; se ha golpeado la cabeza contra el techo del sexismo. Se ha casado con cinco hombres. Cinco. Cinco matrimonios diferentes. Cinco lechos diferentes. Cinco rechazos diferentes. Ella conoce el sonido de las puertas que se cierran de un portazo.

Ella sabe lo que significa amar y no recibir amor a cambio. Su compañero actual ni siquiera le da su nombre. Él solo le da un lugar para dormir.

Si hay una Grace Llewellen Smith en el Nuevo Testamento, lo es esta mujer. El epitafio de insignificancia pudo haber sido suyo. Y lo hubiera sido si no fuera por un encuentro con un extraño.

En este día en particular, ella vino al pozo al mediodía. ¿Por qué no había ido temprano en la mañana con las demás mujeres? Tal vez lo hizo.

Quizás solo necesitaba sacar un poco más de agua en un día caliente. O quizás no.

Tal vez estaba evitando a las otras mujeres. Una caminata bajo el sol caliente era un pequeño precio a pagar para escaparse de las lenguas filudas.

«Aquí viene ella».

«¿Te enteraste? ¡Tiene un hombre nuevo!»

«Dicen que ella se acuesta con cualquiera».

«Shhh. Allí está ella».

De modo que vino al pozo al mediodía. Ella esperaba silencio. Ella esperaba soledad.

En cambio, encontró a alguien que la conocía mejor que ella misma.

Él estaba sentado en el suelo: las piernas extendidas, las manos juntas, la espalda descansando contra el pozo. Sus ojos estaban cerrados. Ella se detuvo y lo miró. Miró alrededor. No había nadie de cerca. Lo volvió a mirar. Él era obviamente judío. ¿Qué estaba haciendo aquí? Sus ojos estaban abiertos y los de ella se escondían de vergüenza. Ella rápidamente se dirigió a hacer lo suyo.

Percibiendo su incomodidad, Jesús le pidió agua. Pero ella era demasiado astuta para pensar que todo lo que quería era beber. «¿Desde cuándo un sujeto del barrio residencial le pide agua a una chica como yo?» Ella quería saber lo que él realmente tenía en mente. Su intuición era parcialmente correcta. Él estaba interesado en más que el agua. Estaba interesado en el corazón de ella.

Hablaron. ¿Quién podía recordar la última vez que un hombre le había hablado con respeto?

Él le dijo acerca de una fuente de agua que iba a satisfacer no la sed de la garganta, sino la del alma.

Eso la intrigó. «Señor, dame de esa agua para que no vuelva a tener sed ni tenga que venir aquí a sacarla».

«Ve a llamar a tu esposo y regresa acá».

Su corazón debió haberse quedado atónito. Aquí tenemos a un judío que no le interesaba si ella era una samaritana. Aquí tenemos a un hombre que no la menospreciaba como mujer.

Aquí estaba lo más cercano a la bondad que ella jamás había visto. Y ahora le estaba preguntando sobre. . . eso.

Cualquier cosa menos eso. Tal vez ella estaba considerando mentir. «Ah, ¿mi esposo? Está ocupado». Quizás ella quiso cambiar de tema. Quizás se quería ir, pero se quedó. Y dijo la verdad.

«No tengo esposo». (La bondad de algún modo invita a la honestidad.) Probablemente conoces el resto de la historia. Ojalá no. Ojalá la estuvieras escuchando por primera vez. Porque de ser así, tendrías los ojos bien abiertos esperando ver lo que iba a hacer Jesús después. ¿Por qué? Porque tú has querido hacer lo mismo.

Has querido quitarte la máscara. Has querido dejar de fingir.

Te has preguntado qué haría Dios si tú abrieras la puerta cubierta de telarañas de tu pecado secreto.

Esta mujer se preguntó lo que iba a hacer Jesús. Ella debió haberse preguntado si cesaría la bondad cuando se revelara la verdad. *Él se enojará. Se marchará. Pensará que no valgo nada.*

Si tú has tenido las mismas ansiedades, entonces saca tu lápiz. Vas a querer subrayar la respuesta de Jesús.

«Tienes razón. Has tenido cinco esposos y el hombre con quien estás ahora ni siquiera te da su nombre».

¿No hay crítica? ¿No hay enojo? ¿No hay sermones que le dijesen el revoltijo que ha hecho de su vida?

No. Jesús no estaba buscando la perfección, sino la honestidad.

La mujer estaba asombrada.

«Me parece que eres profeta». ¿Traducción? «Hay algo diferente acerca de ti. ¿Te importa si te pregunto algo?»

Luego ella hizo la pregunta que reveló el gran agujero en su alma.

«¿Dónde está Dios? Mi pueblo dice que está en el monte. Tu pueblo dice que está en Jerusalén. Yo no sé dónde está».

Yo daría mil puestas de sol para ver la expresión del rostro de Jesús cuando oyó esas palabras. ¿Le lloraron los ojos? ¿Se sonrió? ¿Miró hacia las nubes y le guiñó el ojo a su Padre? De todos los sitios donde encontrar un corazón hambriento, ¿Samaria?

De todos los samaritanos que estaban buscando a Dios, ¿una mujer? De todas las mujeres que tenían un apetito insaciable de Dios, ¿una divorciada cinco veces?

Y de toda la gente a ser escogida para recibir personalmente el secreto de los siglos, ¿una marginada entre todos los marginados? ¿La persona más «insignificante» de la región?

Extraordinario. Jesús no le reveló el secreto al rey Herodes. No solicitó una audiencia con el Sanedrín para darles la noticia. No fue dentro de las columnatas de una corte romana donde anunció su identidad.

No, fue a una mujer aislada a la sombra de un pozo en una tierra rechazada. Los ojos de él debieron haber bailado mientras susurraba el secreto.

«Yo soy el Mesías».

La frase más importante del capítulo es una que fácilmente se pasa por alto.

«La mujer dejó su cántaro, corrió al pueblo y le decía a la gente: Vengan a ver a un hombre que me ha dicho todo lo que he hecho. ¿No será este el Cristo?» (Juan 4.28–29)

No te pierdas el drama del momento. Mira los ojos de ella, bien abiertos de asombro. Escúchala tratando de encontrar palabras. «¡T-t-t-ú e-e-res el M-m-m-mesías!» Y observa mientras ella se apresura, da una última mirada al sonriente nazareno, gira, corre y se golpea directamente con el fornido pecho de Pedro. Ella casi se cae, recupera el equilibrio y se va disparada hacia su pueblo natal.

¿Te diste cuenta de lo que se olvidó? Se olvidó de su cántaro. Ella dejó atrás el cántaro que había producido la caída de sus hombros. Dejó atrás la carga que había traído.

De pronto desapareció la vergüenza de los romances destrozados. Repentinamente la significancia del momento tragó la insignificancia de su vida. «¡Dios está aquí! ¡Dios ha venido! ¡Dios se interesa. . . por mí!»

Por eso se olvidó de su cántaro. Por eso corrió hacia la ciudad.

Por eso agarró a la primera persona que vio y le anunció su descubrimiento, «Acabo de hablar con un hombre que sabe todo lo que hice. . . ¡y aún así me ama!»

Los discípulos le ofrecieron a Jesús algo de comer. Él lo rechazó —¡estaba demasiado emocionado! Acaba de hacer lo que hace excelentemente. Había tomado una vida que estaba naufragando y le había dado dirección.

¡Él estaba desbordando de entusiasmo!

«¡Miren!» anunció a los discípulos, señalando a la mujer que estaba corriendo hacia el pueblo. «¡Fíjense bien en los campos sembrados! La cosecha ya está madura» (Juan 4.35).

¡Quién podía comer en un momento como este!

---

Para algunos de ustedes la historia de estas dos mujeres es conmovedora pero distante. Tú te sientes aceptado. Se te necesita y lo sabes. Tienes más amigos que los que puedes visitar y más tareas que las que puedes realizar.

La insignificancia no estará grabada con cincel en tu lápida.

Sé agradecido.

Pero otros son diferentes. Te detuviste en el epitafio porque era el tuyo. Ves el rostro de Grace Smith cuando te miras en el espejo. Sabes por qué la mujer samaritana estaba evitando a la gente. Tú haces lo mismo.

Sabes lo que es sentarse solo en la cafetería. Te has preguntado cómo sería tener un buen amigo. Has estado enamorado y te preguntas si vale la pena el dolor volverlo a hacer.

Y tú también te has preguntado dónde rayos está Dios.

Tengo una amiga que se llama Joy que enseña a niños discapacitados en una iglesia de una zona urbana pobre. Su clase es un grupo entusiasta de niños de nueve años que les encanta la vida y no tienen miedo a Dios. Sin embargo, hay una excepción —una niña tímida llamada Bárbara.

La vida difícil en su hogar la había dejado temerosa e insegura. Durante las semanas que mi amiga estuvo enseñando la clase, Bárbara nunca habló. Nunca. Mientras los otros niños hablaban, ella se quedaba sentada. Mientras los demás cantaban, ella se quedaba en silencio. Mientras los demás se reían, ella se quedaba callada.

Siempre estaba presente. Siempre escuchando. Siempre enmudecida. Hasta el día en que Joy dio una clase sobre el cielo. Joy habló acerca de ver a Dios. Habló acerca de la inexistencia de lágrimas y vidas sin muerte. Bárbara estaba fascinada. No le quitaba la mirada a Joy.

Ella escuchaba con muchas ganas. Luego levantó la mano. «¿Sra. Joy?» Joy estaba aturdida. Bárbara nunca había hecho una pregunta. «¿Sí, Bárbara?»

«¿Es el cielo para niñas como yo?»

Una vez más, yo daría mil puestas de sol para poder haber visto el rostro de Jesús cuando esta pequeña oración alcanzó su trono. Porque en verdad eso era —una oración.

Una oración ferviente de que un buen Dios en el cielo recordara a un alma olvidada en la tierra. Una oración de que la gracia de Dios penetrase las rajaduras y cubra a uno que la iglesia dejó desviar. Una oración para tomar una vida que nadie podía usar y usarla como nadie pudo.

No una oración desde un púlpito, sino una desde una cama en una clínica de reposo. No una oración hecha con confianza por un seminarista de toga negra, sino una susurrada con miedo por un ex alcohólico.

Una oración para que Dios haga lo que hace con excelencia: tomar lo común y convertirlo en espectacular. Tomar una vez más la vara y separar las aguas del mar. Tomar una piedrecilla y matar a Goliat. Convertir el agua en vino espumoso. Tomar el almuerzo de un niño ordinario y alimentar a una multitud. Tomar barro y restaurar la vista. Tomar tres clavos y una viga y convertirlos en la esperanza de la humanidad. Tomar a una mujer rechazada ¡y convertirla en una misionera!

---

Hay dos tumbas en este capítulo. La primera es la solitaria en el Cementerio Locke Hill. La tumba de Grace Llewellen Smith. No conoció el amor. No conoció la gratificación. Solo conoció el dolor del cincel cuando grabó su epitafio en su vida.

*Duerme, pero no descansa.*
*Amó, pero no fue amada.*
*Trató de agradar, pero no agradó.*
*Murió tal como vivió —sola.*

Esa, sin embargo no fue la única tumba en esta historia. La segunda está cerca de un pozo de agua. ¿La lápida? Un cántaro de agua. Un cántaro olvidado.

No tiene palabras, pero sí gran importancia —porque es el lugar de entierro de la insignificancia.

## PARA REFLEXIONAR Y EXAMINAR

1. Si fueras a escribir un epitafio de ti mismo que exprese la suerte actual de tu vida, ¿qué diría?

2. Lee Juan 4.4–42. ¿Cómo usó Jesús sus propias necesidades como herramientas para el evangelismo (vv. 6–15)? ¿Qué podemos aprender de esto?

3. ¿Cuál es el «agua que da vida» al cual se refiere Jesús en el versículo 10? ¿Qué es lo que hace?

4. Identifica la lección más grande que hayas aprendido de la historia de la mujer samaritana.

5. Siéntate con un amigo cercano o tu cónyuge y escribe lo que le da propósito y significado a tu vida. Sé específico. La próxima vez que estés abrumado por la creciente marea de la inutilidad, saca la lista y léela.

6. ¿Conoces a alguna Grace Llewellen Smith? ¿Qué puedes hacer para ayudar a que se sienta más importante? ¿Por qué no hacerlo hoy día?

# Capítulo 6

# MARÍA, MARTA
# Y LÁZARO

*Allí hicieron una cena en honor de Jesús. Lázaro estaba sentado a la mesa con él, y Marta servía. Entonces, María tomó un frasco como de medio litro de perfume de nardo puro, que era muy caro, y lo derramó sobre los pies de Jesús, secándoselos luego con sus cabellos. Y la casa se llenó de la fragancia del perfume.*

Juan 12.2–3

# TU LUGAR EN LA BANDA
# DE DIOS

Dos de mis años de adolescente los pasé cargando una tuba en la banda de la secundaria. Mi mamá quería que aprendiera a leer música y el coro estaba completo mientras que en la banda faltaba una tuba, de modo que me inscribí. No se trató de lo que podrías denominar un llamado de Dios, pero de ninguna manera fue una experiencia desperdiciada.

Tuve una cita con una bastonera.

Aprendí a limpiar mis zapatos blancos mientras iba en el ómnibus de la escuela.

Aprendí que cuando no conoces la música, necesitas poner los labios en la boquilla y dar la impresión de que tocas aunque no lo hagas y así disiparás cualquier duda.

Y aprendí algunos hechos relacionados con armonía que quiero comunicarte.

Me tocaba marchar junto al bombo. ¡Qué sonido! *Bom, bom, bom.* Profundo, cavernoso, atronador. En la medida correcta, en la música correcta, no hay nada mejor que el sonido de un bombo. *Bom, bom, bom.*

Y al final de mi flanco marchaban las flautas. Ah, cómo se elevaba su música. Un murmullo que asciende hasta alcanzar las nubes.

Delante de mí, frente a mi línea, estaba nuestra primera trompeta. Un músico total. Mientras otros muchachos tiran al aro y otros manejan autos arreglados, él tocaba la trompeta. Y se veía que la tocaba. Póngalo en la línea de las cincuenta yardas y déjelo soplar. Le levanta el espíritu a cualquiera. Podría izar la bandera. Podría levantar el techo del estadio, si el estadio hubiera tenido techo.

Flautas y trompetas suenan muy diferente. (¿Ves? Te dije que aprendí mucho cuando estuve en la banda.) La flauta murmulla. La trompeta grita. La flauta conforta. La trompeta alborota. En dosis controladas, no hay nada como la trompeta. Una persona la resiste sólo por un tiempo limitado. Después de un rato necesita escuchar algo suavizante. Algo que endulce. Necesita escuchar un poco de flauta. Pero aun el sonido de la flauta puede ser insípido si no hay ritmo o cadencia. A eso se debe que también se necesite el bombo.

¿Pero quién querría escuchar a un bombo solo? ¿Has visto alguna vez una banda formada únicamente por bombos? ¿Podrías asistir a un concierto de cien bombos? Probablemente no. ¿Pero qué banda querría prescindir de un bombo, o de la flauta o de la trompeta?

La suavidad de la flauta

    necesita

        el ímpetu de la trompeta

            necesita

                la firmeza del bombo

                    necesita

                        la suavidad de la flauta

                            necesita

                                el ímpetu de la

                                  trompeta.

¿Capta la idea? La palabra operativa es *necesita*.

Se necesitan los unos a los otros.

Cada uno puede hacer música. Pero juntos, hacen magia.

Ahora bien, lo que hace dos décadas vi en la banda, lo veo hoy en la iglesia. Nos necesitamos los unos a los otros. No todos tocamos el mismo instrumento. Algunos creyentes son altivos, en tanto que otros son constantes. Algunos marchan mientras que otros dirigen la banda. No todos producimos el mismo sonido. Algunos son suaves, otros fuertes. Y no todos tenemos la misma habilidad. Algunos necesitan estar en el primer plano, izando la bandera. Otros necesitan estar detrás, haciendo el acompañamiento. Pero cada uno tiene su lugar.

Algunos tocan el bombo (como Marta).

Algunos tocan la flauta (como María).

Y otros tocan la trompeta (como Lázaro).

María, Marta y Lázaro eran para Jesús como su familia. Después que el Señor resucitó a Lázaro, decidieron ofrecer una comida a Jesús. Decidieron honrarlo con una comida en su nombre (véase Juan 12.2).

No discutieron por el sitio de honor. No se ofendieron por las habilidades del otro. No trataron de echarse a un lado el uno al otro. Los tres trabajaron juntos con un solo propósito. Pero cada uno cumplió ese cometido de acuerdo con su estilo único. Marta sirvió; siempre hacía que todos mantuvieran el paso. María adoró; ungió a su Señor con un regalo muy especial y su aroma llenó todo el ambiente. Lázaro tenía una historia que contar y estuvo listo para hacerlo.

Tres personas, cada una con cualidades y habilidades diferentes. Pero cada una con idéntico valor. Piense en eso. ¿Pudo esa familia existir sin uno de los tres?

¿Podríamos existir hoy en día sin uno de los tres?

Cada iglesia necesita una Marta. Pongámoslo de esta manera. Cada iglesia necesita a cientos de Martas. Arremangadas y dispuestas, mantienen el ritmo de la iglesia. Gracias a las Martas, en la iglesia el presupuesto se mantiene balanceado, los bebés tienen a personas que los mecen y se construye su edificio. Las Martas no se aprecian sino hasta que se van, y entonces todas las Marías y los Lázaros andan desesperados buscando las llaves y los termostatos y los proyectores.

Las Martas son las ardillas incansables de la iglesia. Se mantienen moviéndose, moviéndose, moviéndose. Almacenan fuerzas así como el camello agua. Como no buscan los lugares donde alumbran los reflectores, no les preocupan los aplausos. Esto no significa que no los necesiten. Simplemente no son adictas a ellos.

Las Martas tienen una misión. En efecto, si las Martas tienen una debilidad, es su tendencia a elevar su misión por encima de su Maestro. ¿Recuerdas cuando Marta hizo eso? Una Marta más joven invita a un Jesús más joven a cenar. Jesús acepta y lleva a sus discípulos.

La escena que describe Lucas presenta a María sentada y a Marta echando humo. Marta se enoja porque María está, horror de horrores, sentada a los pies de Jesús. ¡Qué poco práctico! ¡Qué innecesario! Quiero decir, ¿quién tiene tiempo para sentarse a escuchar cuando hay pan que hornear, mesas que poner y almas que salvar? Por eso Marta se queja: «Señor, ¿no te importa que mi hermana me haya dejado sirviendo sola? Dile que me ayude» (Lucas 10.40).

¡Mírenla! ¡Qué rápida para enojarse! De repente, Marta ha pasado de servir a Jesús a hacerle demandas. En la sala se guarda silencio. Los discípulos miran al suelo. María se pone roja. Y Jesús habla. Habla no sólo a Marta de Betania, sino a todas las Martas que tienden a pensar que el bombo es el único instrumento de la banda.

«Marta, Marta, te preocupas demasiado por muchas cosas. Pero sólo una es necesaria. María ha escogido la mejor, y nadie se la va a quitar» (Lucas 10:41–42).

Al parecer, Marta entendió el punto, porque más tarde la encontramos sirviendo de nuevo.

Allí hicieron una cena en honor de Jesús. Lázaro estaba sentado a la mesa con él, y Marta servía. Entonces, María tomó un frasco como de medio litro de perfume de nardo puro, que era muy caro, y lo derramó sobre los pies de Jesús, secándoselos luego con sus cabellos. Y la casa se llenó de la fragancia del perfume. (Juan 12.2–3)

¿Está María en la cocina? No, toca la flauta para Jesús. Adora, porque eso es lo que desea hacer. Pero esta vez Marta no se queja. Ha aprendido que hay un lugar para alabar y adorar, y eso es lo que hace María. ¿Y cuál es la parte de María en la cena? Trae un frasco de un perfume carísimo, lo derrama en los pies de Jesús y luego le seca los pies con su cabello. El aroma del perfume llena la casa, de la misma manera que el sonido de la alabanza llena una iglesia.

Una Marta anterior habría protestado. Un acto así habría sido un despilfarro muy grande, demasiado extravagante, demasiado generoso.

Pero esta Marta que ha madurado ha aprendido que así como en el Reino de Dios hay un lugar para el servicio sacrificial, hay también un lugar para la adoración insólita.

Las Marías tienen el don de la alabanza. No sólo cantan; adoran. No simplemente asisten a la iglesia; van para ofrecer alabanza. No sólo hablan de Cristo; irradian a Cristo.

Las Marías tienen un pie en el cielo y el otro en una nube. No es fácil para ellas bajar a la tierra, pero a veces necesitan hacerlo. A veces necesitan que se les recuerde que hay cuentas que pagar y clases que enseñar. Pero no se lo recuerdes con mucha aspereza. Las flautas son frágiles. Las Marías son almas preciosas con corazones delicados. Si han encontrado un lugar a los pies de Jesús, no les pidas que lo dejen. Es mucho mejor pedirles que oren por ti.

Eso es lo que yo hago. Cuando me encuentro con una María (o con un Miguel), me apresuro a pedirles: «¿Podrían ponerme en su lista de oración?»

Cada iglesia necesita desesperadamente algunas Marías.

Las necesitamos para que oren por nuestros hijos.

Las necesitamos para que pongan pasión en nuestra adoración.

Las necesitamos para que escriban canciones de alabanza y canten himnos de gloria.

Las necesitamos para que se arrodillen, lloren, levanten sus manos y oren.

Las necesitamos porque tendemos a olvidar lo mucho que Dios ama la adoración. Las Marías no lo olvidan. Saben que Dios quiere que le conozcan como un Padre. Saben que no hay cosa que le guste más a un padre que tener a sus hijos a sus pies y pasar tiempo con ellos.

Las Marías son buenas en eso.

También deben ser cuidadosas. A menudo deben meditar en Lucas 6.46: «¿Por qué me llaman "Señor, Señor", si no me obedecen?»

Las Marías necesitan recordar que servicio es adoración.

Las Martas necesitan recordar que adoración es servicio.

¿Y Lázaro? Necesita recordar que no todos pueden tocar la trompeta.

Hasta donde sabemos, Lázaro no hizo nada en la cena. Dejó su acción para fuera de la casa. Lea cuidadosamente Juan 12.9–11.

Muchos de los judíos se enteraron de que Jesús estaba allí y fueron a verlo; pero no sólo a él sino también a Lázaro, a quien Jesús había resucitado. Entonces los jefes de los sacerdotes decidieron matar también a Lázaro, pues por su causa, muchos se apartaban de los judíos y creían en Jesús.

¡Qué te parece! Por Lázaro muchos judíos creían «en Jesús». A Lázaro se le ha dado una trompeta. Tiene un testimonio que dar, ¡y qué testimonio!

«Siempre fui un buen ciudadano», quizás dijo. «Pagué mis cuentas. Amé a mis hermanas. Y disfruté andar con Jesús. Pero no era uno de sus seguidores. Nunca estuve tan cerca de Él como han estado Pedro, Santiago y los demás. Guardé la debida distancia. Nada personal. Simplemente no quería entusiasmarme demasiado.

»Pero entonces, caí enfermo. Y me morí. Quiero decir, bien muerto.

»No quedó nada. Helado como piedra. Sin vida. Sin aliento. Nada. Morí a todo. Desde la tumba vi vida. Y entonces Jesús me llamó para que saliera de la tumba. Cuando Él habló, mi corazón latió, mi alma se conmovió y estaba vivo otra vez. Y quiero que sepan que Él puede hacer lo mismo por ustedes».

Dios le dio a Marta un bombo de servicio. Dios dio a María una flauta de alabanza. Y Dios dio a Lázaro una trompeta. Y él se paró en el centro del escenario y la tocó.

Dios sigue dando trompetas. Dios sigue llamando a la gente del abismo. Dios sigue dando testimonios del tipo «pínchame para ver si estoy despierto» y el de «demasiado bueno para ser verdad». Pero no todos tienen un testimonio dramático. ¿Quién querría una banda solamente de trompetas?

Algunos convierten a los perdidos. Algunos animan a los salvados. Y algunos mantienen el movimiento. Todos son necesarios.

Si Dios te ha llamado a ser una Marta, ¡sirve! Recuerda a los demás que dar alimento al pobre es evangelizar y que cuidar a los enfermos es adorar.

Si Dios te ha llamado a ser una María, ¡adora! Recuerda a los demás que no tenemos que estar ocupados para ser santos. Influye en nosotros con tu ejemplo para que nos despojemos de nuestras tablas de apuntes y nuestros megáfonos y estemos quietos en adoración.

Si Dios te ha llamado a ser un Lázaro, ¡testifica! Recuerda a los demás que también tenemos una historia que contar. Que también tenemos vecinos perdidos. Que también estábamos muertos y fuimos resucitados.

Cada uno tiene un lugar en la mesa.

Sólo uno no lo tiene. Hubo alguien en la casa de Marta que no encontró su lugar. Aunque estuvo cerca de Jesús más tiempo que los otros, estaba más lejos en su fe que ellos. Su nombre era Judas. Era un ladrón. Cuando María derramó el perfume, fingió espiritualidad. «¿Por qué no se vendió este perfume, que vale muchísimo dinero, para dárselo a los pobres?», dijo. Pero Jesús conocía el corazón de Judas por lo que defendió el acto de adoración de María. Años más tarde, Juan también conoció el corazón de Judas y explicó que este era un ladrón (Juan 12.6). Y todos esos años se los pasó metiendo su mano en la bolsa del dinero. Quería que el perfume se vendiera y el producto de la venta se llevara a la tesorería para así echar mano de él.

¡Qué final más triste para una bella historia! ¡Pero qué final más apropiado! Porque en cada iglesia hay quienes como Marta dan su tiempo para servir. Hay quienes como María dan su tiempo para adorar. Hay quienes como Lázaro dan su tiempo para testificar.

Y también están los que como Judas quieren tomar, tomar y tomar y nunca dar nada en retribución. ¿Eres un Judas? Lo pregunto con todo respeto, aunque con toda sinceridad. ¿Estás cerca de Cristo pero en tu corazón estás lejos de Él? ¿Estás en la cena con un alma agria? ¿Estás siempre criticando los dones de los demás sin que ni siquiera una vez des de ti? ¿Te estás beneficiando de la iglesia sin nunca darle nada? ¿Das miserablemente mientras otros dan con sacrificios? ¿Eres un Judas?

¿Tomas, tomas y tomas, y nunca das nada? Si es así, eres el Judas en esta historia.

Si eres una Marta, cobra fuerzas. Dios ve tu servicio.

Si eres una María, anímate. Dios recibe tu adoración.

Si eres un Lázaro, sé fuerte. Dios honra tu convicción.

Pero si eres Judas, estás advertido. Dios ve tu egoísmo.

## PARA REFLEXIONAR Y EXAMINAR

1. ¿Te pareces más a Marta, o a María, o a Lázaro? Explica.
2. Describe algo de las Martas, las Marías y los Lázaros de tu iglesia.
3. «Las Marías necesitan recordar que servicio es adoración. Las Martas necesitan recordar que adoración es servicio. ¿Y Lázaro? Necesita recordar que no todos pueden tocar la trompeta». ¿Cómo el servicio puede ser adoración? ¿Cómo la adoración puede ser servicio?
4. ¿Estás satisfecho con la forma en que actúas en la banda de Dios? Sí o no, ¿por qué?
5. Lee Romanos 12.4–8. ¿Qué nos enseña este pasaje acerca de la unidad? ¿Qué nos enseña acerca de la diversidad? ¿Qué nos enseña acerca de las relaciones entre ambos?

# Capítulo 7

# ABIGAÍL

Abigaíl, con prontitud, tomó doscientos panes, dos odres de vino, cinco ovejas guisadas, cuarenta kilos de grano tostado, cien racimos de pasas y doscientos panes. «Vayan —dijo a sus criados— y yo iré tras ustedes». Pero no le dijo a su marido lo que estaba haciendo.

Mientras descendía por el camino montada en su burro, se encontró con David que venía hacia ella. David había estado pensando: «En vano le hicimos bien a este individuo. Protegimos sus ganados en el desierto para que nada se le perdiera ni le fuera robado, pero él me ha pagado mal por bien. ¡Que Dios me maldiga si uno de sus hombres queda vivo mañana por la mañana!»

Cuando Abigaíl vio a David, se desmontó e hizo una reverencia delante de él.

—Señor, yo cargo con toda la culpa en esto —dijo postrada a sus pies—. Te ruego que escuches lo que quiero decirte. Nabal es hombre de mal temperamento; pero no le hagas caso. Es un necio, que es exactamente lo que significa su nombre. Pero yo no vi a los mensajeros que enviaste...

David entonces respondió a Abigaíl: —Bendito sea el Señor Dios de Israel, que te ha enviado a encontrarme en este día. Gracias a Dios por tus buenos razonamientos. Bendita seas, por haberme impedido derramar sangre y hacerme justicia por mis propias manos. Porque juro por el Señor Dios de Israel que ha impedido que te haga daño, que si no hubieras venido a mi encuentro, ninguno de los hombres de la casa de Nabal estaría vivo mañana por la mañana.

David aceptó los regalos de ella y le dijo que regresara a su casa sin temor porque él nada le haría a su marido.

1 Samuel 25.18–25, 32–35

# COMPORTAMIENTO BRUTAL

Ernest Gordon gime en la Casa de la Muerte en Chungkai, Burma. Escucha las quejas de los moribundos y huele el hedor de la muerte. Sin piedad, la jungla quema: asa su piel y seca su garganta. Había podido envolver con una mano el muslo huesudo. Había tenido fuerza para hacer eso, pero ya no tiene ni energía ni interés. La difteria ha hecho que se agotaran ambas; no puede caminar, ni puede sentir su cuerpo. Comparte un catre con moscas, chinches y aguarda una muerte solitaria en un campo de prisioneros de guerra japonés.

Qué dura ha sido la guerra para él. Entró en la Segunda Guerra Mundial en sus tempranos veinte años, como un robusto soldado oriundo del norte de Escocia, perteneciente a las Brigadas Sutherland. Pero luego vino la captura por parte de los japoneses, meses de ardua y exhaustiva labor en la jungla, golpes cotidianos y una lenta inanición. Escocia parece para siempre fuera de su vida. Y la urbanidad, aun más lejos.

Los soldados aliados se comportan como bárbaros, robándose entre ellos, robándoles a los agonizantes colegas, peleando por pedacitos de comida. Los que sirven la comida hurtan para sí de las ya escasas raciones. Y la ley de la selva ha comenzado a ser la ley del campamento.

Gordon es feliz por decirle adiós a la vida. La muerte a causa de las enfermedades triunfa en Chungkai. Pero entonces algo maravilloso ocurre. Transfieren al campo a dos nuevos prisioneros, en los que las esperanzas todavía existían. Aunque enfermos y frágiles, ponen en práctica un código de valores más alto. Comparten su exiguo alimento y realizan trabajo voluntario extra. Limpian las doloridas úlceras de Gordon y masajean sus atrofiadas piernas. Le dan su primer baño en seis semanas. Su fuerza lentamente comienza a retornar, y con eso su dignidad.

Su bondad resulta ser contagiosa y Gordon los imita. Empieza a compartir su ración y a ocuparse de los enfermos. Es más, entrega sus pocas pertenencias. Otros soldados, al verlo, hacen lo mismo. Luego de un tiempo, la situación en el campo se va mejorando. El sacrificio remplaza al egoísmo. Los soldados comenzaron a realizar servicios de adoración y a estudiar la Biblia.

Veinte años después, cuando Gordon se desempeñó como capellán de la Universidad de Princeton, describió la transformación con estas palabras:

La muerte estaba con nosotros, no hay dudas sobre ello. Pero estábamos lentamente liberándonos de su destructiva adherencia. La avaricia, el odio y el orgullo eran todo lo contrario a la vida. El amor, el sacrificio y la fe, por otro lado, eran la esencia de la vida misma. Obsequios de Dios al hombre... La muerte no tuvo más la última palabra en Chungkai.[1]

No tiene que ir a un campo de prisioneros de guerra para encontrar egoísmo, odio y orgullo. En una sala de reuniones de una corporación, en una habitación matrimonial o en las áreas poco habitadas de un país, el código de la jungla está vivo y bien. *Cada hombre, por sí mismo. Obtiene todo lo que puede y acapara todo lo que obtiene. La ley del más fuerte.*

¿Este código contamina tu mundo? ¿Los pronombres posesivos dominan el lenguaje de tu círculo? *Mi* carrera, *mis* sueños, *mis* cosas. Quiero que las cosas se encaminen a *mi* tiempo y a *mi* forma. Si es así, sabes qué salvaje puede ser ese gigante. Sin embargo, cada tanto, un diamante brilla en el barro. Un camarada comparte, un soldado se preocupa o Abigaíl, la deslumbrante Abigaíl, se yergue en tu camino.

Vivió en la época de David en la tierra de los filisteos, y estaba casada con Nabal, cuyo nombre significa «tonto» en hebreo. Y cumple con esa definición.

Piensa en él como el Saddam Hussein del territorio. Poseía ganado y estaba orgulloso de él. Mantenía su bar repleto de licor, su vida amorosa muy activa y manejaba una alargada limusina, sus boletos para ver los partidos de baloncesto profesional eran para la primera fila, su jet era privado y los fines de semana era un asiduo concurrente al muy popular juego de cartas de póquer *Texas Hold 'em* en Las Vegas. Media docena de guardias de seguridad del tamaño de los jugadores defensivos lo seguían dondequiera que fuese.

Nabal necesitaba protección. Era «insolente y de mala conducta... Tiene tan mal genio que ni hablar se puede con él» (1 Samuel 25.3, 17).[2] Parece que de los animales en el zoológico local aprendió a relacionarse con la gente. Nunca encontró a una persona con la que no pudiera enojarse o una relación a la que no pudiera estropear. El mundo de Nabal giraba en torno de Nabal. No compartía nada con nadie, y reía ante el hecho de sólo pensarlo.

Especialmente con David.

David interpretó el papel de Robin Hood en el desierto. Él y sus seiscientos soldados protegían a los granjeros y pastores de los vándalos y beduinos. Israel no tenía fuerzas policiales o patrullas, por ese motivo David y sus poderosos hombres encontraron en la campiña una imperiosa necesidad. Vigilaban con suficiente eficiencia como para provocar que uno de los pastores de Nabal dijese: «Es más, día y noche fueron como un muro protector para nosotros y para nuestras ovejas y nada nos fue robado en todo el tiempo en que ellos estuvieron con nosotros» (v. 16).

David y Nabal cohabitaban el mismo territorio con la armonía de dos toros en las mismas pasturas. Ambos fuertes y con cabezas duras. Fue cuestión de tiempo para que colisionaran.

Los problemas comenzaban luego de la cosecha. Con las ovejas esquiladas y el heno juntado, era tiempo de hornear el pan, asar el cordero y servir el vino. Tomarse un respiro de los surcos y rebaños y disfrutar del fruto de su labor. Cuando retomamos la historia, los hombres de Nabal estaban haciendo justamente eso.

David sabe de la gala y piensa que sus hombres merecen una invitación. Después de todo, ellos han estado protegiendo los cultivos y las ovejas, patrullando las colinas y asegurando los valles. Merecen un poco de recompensa. David envía a diez hombres a Nabal con este pedido: «He enviado a mis hombres a pedirte una contribución, pues hemos venido en buen día; danos un presente de lo que tengas a mano» (v. 8).

El grosero de Nabal se burla al pensar:

¿Quién es este David? ¿Quién se cree que es este hijo de Isaí? Hay muchos esclavos en estos días que huyen de sus amos. ¿Es que debo tomar pan, agua y carne, que he preparado para los esquiladores, y dársela a una banda que repentinamente aparece de quién sabe dónde? (vv. 10-11)

Nabal aparenta no haber escuchado nunca sobre David, confundiéndolo con fugitivos esclavos y vagabundos. Ese tipo de insolencia enfurece a los mensajeros, y dan media vuelta y vuelven con un completo informe a David.

David no necesita escuchar las novedades dos veces. Les dice a los hombres que formen un grupo. O, más precisamente: «¡Cíñanse las espadas!»

Cuatrocientos hombres se juntaron y partieron. Miradas enfurecidas. Narices que echan fuego. Labios que gruñen. Testosterona que fluye. David y su compañía tronaban sobre Nabal, el canalla, quien obviamente toma cerveza y come la barbacoa con sus compinches. La calle retumba mientras David se queja: «¡Que Dios me maldiga si uno de sus hombres queda vivo mañana por la mañana!» (v. 22).

Espera. Es el Oeste Salvaje en el Antiguo Este.

Entonces, de pronto, la belleza aparece. Una margarita alza su cabeza en el desierto, un cisne se posa en la planta envasadora de carne, un olorcito a perfume flota a través del vestuario de hombres. Abigaíl, la esposa de Nabal, se yergue en el camino. Donde él es egoísta y bruto, ella es «hermosa e inteligente» (v. 3).

Inteligencia y belleza. Abigaíl pone ambas a trabajar. Cuando sabe de la cruda reacción de Nabal, se lanza a la acción. Sin decirle ninguna palabra a su esposo, junta presentes y corre para interceptar a David. A medida que David y sus hombres descienden el barranco, toma su posición armada con «doscientos panes, dos odres de vino, cinco ovejas guisadas, cuarenta kilos de grano tostado, cien racimos de pasas y doscientos panes» (v. 18).

Cuatrocientos hombres arriendan sus caballos. Algunos miran boquiabiertos la comida, otros quedan embobados con la mujer. Ella es guapa y buena cocinera, una combinación perfecta para cualquier ejército (la imagen es de una rubia que se muestra en un campamento de entrenamiento de reclutas con un camión lleno de hamburguesas y helados).

Abigaíl no es tonta. Sabe la importancia del momento. Se encuentra como en un punto entre su familia y la muerte segura. Cayendo a los pies de David, emite una súplica digna de un párrafo de las Escrituras: «Señor, yo cargo con toda la culpa en esto —dijo postrada a sus pies—. Te ruego que escuches lo que quiero decirte» (v. 24).

La mujer no defiende a Nabal, está de acuerdo con que es un sinvergüenza. Ruega no por justicia, sino por perdón, acepta las culpas cuando no las merece. «Perdona mi atrevimiento al venir hasta aquí» (v. 28). Ofrece los regalos de su casa y exhorta a David a dejar a Nabal en las manos de Dios y evitar el remordimiento del peso de la muerte.

Sus palabras caen sobre David como el sol del verano sobre el hielo. Se derrite.

> Bendito sea el SEÑOR Dios de Israel, que te ha enviado a encontrarme en este día… si no hubieras venido a mi encuentro, ninguno de los hombres de la casa de Nabal estaría vivo mañana por la mañana…
> David aceptó los regalos de ella y le dijo que regresara a su casa sin temor porque él nada le haría a su marido. (vv. 32, 34-35)

David retorna al campamento. Abigaíl retorna a Nabal. Lo encuentra demasiado borracho como para conversar, entonces espera hasta el día siguiente para describir lo cerca que estuvo David del campamento y Nabal de morir. «Nabal tuvo un ataque que lo dejó paralizado por diez días. Luego murió porque el Señor lo hirió, y Nabal murió» (v. 38).

Cuando David supo de la muerte de Nabal y de la repentina disponibilidad de Abigaíl, le agradeció a Dios por lo primero y se aprovechó de lo segundo. Le fue imposible olvidar a la bella mujer en medio del camino. Él le propuso matrimonio y ella aceptó. David obtuvo una nueva mujer; Abigaíl, un nuevo hogar. Y tenemos aquí un gran principio: la belleza puede vencer a la barbarie.

La sumisión rescata el día aquél día. La dulzura de Abigaíl revierte un río de odio. La humildad tiene tal poder. Las disculpas pueden desarmar peleas. La contrición puede desactivar la rabia. Las ramas de olivo hacen más bien que las hachas para la lucha. «La lengua amable puede quebrantar hasta los huesos» (Proverbios 25.15).

Abigaíl enseña mucho. El contagioso poder de la bondad. La fuerza de un corazón noble. Su más grande lección, sin embargo, es sacar nuestros ojos de la belleza y ponerlos en alguien más. Ella eleva nuestros pensamientos de un espacio rural a la cruz de Jerusalén. Abigaíl nunca conoció a Jesús. Vivió mil años antes de su sacrificio. No obstante, su historia prefigura su vida.

Abigaíl se ubicó entre David y Nabal. Jesús se ubicó entre Dios y nosotros. Abigaíl, voluntariamente, se arriesgó a que la castigaran por los pecados de Nabal. Jesús le permitió al cielo que lo castigara por tus pecados y los míos. Abigaíl no admitió el enojo de David. ¿No te protegió Cristo a ti de la ira de Dios?

Él fue nuestro «mediador entre Dios y los seres humanos, Jesucristo hombre. Él dio su vida en rescate por todos» (1 Timoteo 2.5-6). ¿Quién es mediador sino el que se para en medio? ¿Y qué hizo Cristo, sino pararse entre la ira de Dios y nuestro castigo? Cristo interceptó la cólera del cielo.

Algo vagamente similar ocurrió en el campamento de Chungkai. Una tarde después del trabajo, un guardia japonés anunció que una pala se había extraviado. El oficial mantuvo a los aliados en formación, insistiendo en que alguien la había robado. Emitiendo alaridos en un inglés imperfecto, exigió que el culpable diese un paso al frente y cargó al hombro su fusil, listo para matarles prisionero tras prisionero hasta que se hiciera una confesión.

Entonces un soldado escocés rompió filas, se paró rígidamente y dijo: «Yo lo hice». El oficial liberó su ira y golpeó al hombre hasta matarlo. Cuando el oficial por fin se cansó, los prisioneros cargaron el cuerpo muerto y sus herramientas de trabajo y volvieron al campo. Sólo entonces recontaron las palas. El soldado japonés había cometido un error. Después de todo, ninguna pala se había perdido.[3]

¿Quién hace eso? ¿Qué clase de persona se declararía culpable de algo que no cometió?

Cuando encuentres el adjetivo, adjúntaselo a Jesús. «Nosotros fuimos quienes nos extraviamos como ovejas, nosotros, quienes seguimos nuestro propio camino. ¡Pero Dios echó sobre él la culpa y los pecados de cada uno de nosotros!» (Isaías 53.6). Dios trató a su inocente Hijo como a la culpable raza humana, su Santo Único como a un canalla mentiroso; su Abigaíl como a Nabal.

Cristo vivió la vida que nosotros no pudimos vivir, tomó el castigo que nosotros no pudimos tomar, ofrece la esperanza que nosotros no podemos resistir. Su sacrificio nos implora a hacer esta pregunta: Si nos amó, ¿podemos nosotros no amarnos? Habiendo sido perdonados, ¿podemos no perdonar? Habiendo festejado en la mesa de gracia, ¿podemos no compartir una migaja? «Porque aunque nunca hemos visto a Dios, si nos amamos unos a otros Dios habita en nosotros, y su amor en nosotros crece cada día más» (1 Juan 4.12).

¿Te es difícil lidiar con este mundo Nabal? Entonces haz lo que hizo David: para de mirar fijamente a Nabal. Cambia tu mirada dirigiéndola hacia Cristo. Mira más al Mediador y menos al alborotador. «No te dejes, pues, vencer por el mal, sino vence el mal haciendo el bien» (Romanos 12.21). Un prisionero puede cambiar el campamento. Una Abigaíl puede salvar a una familia. Sé la belleza en medio de tus bestias y ve qué ocurre.

## PARA REFLEXIONAR Y EXAMINAR

1. Describe un momento en tu vida en que hayas observado que la influencia de una persona haya cambiado la atmósfera de un grupo u organización.
2. ¿Qué ambiente específico podrías reformar gracias a tu buena influencia?
3. ¿Cómo puedes ser «la bella» que traiga paz a una tensa o enojosa situación? ¿Qué esperarías conseguir?
4. Lee Proverbios 15.1. ¿Cuál mitad de este versículo manifestó Nabal? ¿Cuál manifestó Abigaíl? ¿Cuál normalmente manifiestas tú?
5. Piensa en alguien a quien hayas lastimado, insultado o alejado. Pídele a Dios que te dé la gracia y la humildad para poder aproximarte a esa persona y pedirle su perdón. Podría ser difícil, pero ora que el Señor traiga paz y restauración a esta situación.

# Capítulo 8

# EL PARALÍTICO

(Con actuaciones especiales de Jonás, Daniel y José
como artistas invitados)

Algún tiempo después, Jesús regresó a Jerusalén, donde se celebraba una fiesta de los judíos. Allí en Jerusalén, junto a la puerta de las Ovejas, había un estanque rodeado de cinco pórticos. El estanque, se llamaba en arameo, Betzatá. En los pórticos estaban acostados muchos enfermos, ciegos, cojos y paralíticos que esperaban que se moviera el agua. De cuando en cuando un ángel del Señor bajaba al estanque y movía el agua. El primero que se metía al agua después de que había sido removida, quedaba sano de cualquier enfermedad que tuviera. Entre ellos había un hombre inválido que llevaba enfermo treinta y ocho años.

Cuando Jesús lo vio allí acostado y supo que tenía mucho tiempo de estar enfermo, le preguntó: —¿Quieres curarte?

El enfermo respondió: —Señor, no tengo a nadie que me meta en el estanque mientras se remueve el agua. Cada vez que trato de hacerlo otro se me adelanta.

Jesús le dijo: —Levántate, recoge tu camilla y anda.

En ese mismo momento el hombre quedó sano. De inmediato tomó su camilla y comenzó a andar.

Juan 5.1—9

# LUCES BRILLANTES EN LAS NOCHES OSCURAS

D urante largo tiempo esta historia no tenía ninguna lógica para mí. No la podía comprender. Se trata de un hombre que apenas tiene fe, pero Jesús lo trata como si hubiese puesto a su hijo en el altar para Dios. Los mártires y los apóstoles se merecen tal honor, pero no un pobre pordiosero que no reconoce a Jesús cuando lo ve. Al menos así pensaba yo.

Durante mucho tiempo pensé que Jesús era demasiado gentil. Pensé que la historia era demasiado extravagante. Pensé que era demasiado buena para ser realidad. Luego me di cuenta de algo. Esta historia no es acerca de un inválido en Jerusalén. Se trata de ti. De mí. El hombre no es anónimo. Tiene un nombre: el tuyo. Tiene un rostro: el mío. Tiene un problema: igual que el nuestro.

Jesús se encuentra con el hombre cerca de un gran estanque al norte del templo de Jerusalén. Mide aproximadamente ciento diez metros de largo, cuarenta de ancho y tres de profundidad. Una columnata con cinco pórticos domina el cuerpo de agua. Es un monumento de opulencia y prosperidad, pero sus residentes son personas enfermas y en aflicción.

Se llama Betzatá. Su nombre pudiera ser Parque Central, Hospital Metropolitano o hasta Café José. Pudiera ser los desposeídos amontonados bajo un puente de la autopista en el centro de la ciudad. Bien pudiera ser la Primera Iglesia Bautista. Pudiera ser cualquier grupo de gente que sufre.

Una corriente de agua subterránea hacía que ocasionalmente el estanque burbujeara. La gente creía que las burbujas eran causadas por la agitación de las alas de un ángel. También creían que la primera persona en tocar el agua después de que lo hiciese el ángel sería sanada. ¿Ocurría de verdad la sanidad? No lo sé. Pero sí sé que gran cantidad de inválidos se llegaban hasta allí para intentarlo.

Imagínate un campo de batalla cubierto de cuerpos heridos y puedes ver a Betzatá. Piensa en un hogar de ancianos excesivamente poblado donde escasea el personal y verás al estanque. Haz memoria de los huérfanos en Bangladesh o de los abandonados en Nueva Delhi y verás lo que veía la gente al pasar por Betzatá. Al pasar, ¿qué escuchaban? Un sinfín de gemidos. ¿Qué cosa observaban? Un campo de necesidades sin rostro. ¿Qué hacían? La mayoría pasaba de largo ignorando a las personas.

Pero no así Jesús. Él está en Jerusalén para una fiesta. Él está solo. No está allí con el fin de enseñar a los discípulos ni para atraer a una multitud. La gente lo necesita, por eso está allí.

¿Te lo puedes imaginar? Jesús caminando entre los que sufren.

¿Qué piensa Él? Cuando una mano infectada toca su tobillo, ¿qué hace? Cuando un niño ciego tropieza cerca de Jesús, ¿extiende sus manos para evitar su caída? Cuando una mano arrugada se extiende pidiendo limosna, ¿cómo responde Jesús?

Ya sea que el estanque sea Betzatá o la Pizzería de Paco... ¿Qué siente Dios cuando la gente sufre?

Vale la pena relatar la historia aunque sólo sea para observarlo caminar. Basta con saber que siquiera vino. No tenía la obligación de hacerlo. Con seguridad hay grupos más saludables en Jerusalén. Seguramente existen actividades más placenteras. Después de todo esta es la fiesta de la Pascua. Es un tiempo emocionante en la ciudad santa. Ha venido gente de muchos kilómetros a la redonda para encontrarse con Dios en el templo.

No se imaginan que Dios está con los enfermos.

No se pueden imaginar que Dios está caminando lentamente, pisando con cuidado entre los pordioseros y los ciegos.

No es posible que piensen que el joven y fuerte carpintero que observa la escena harapienta de dolor es Dios.

«En toda angustia de ellos él fue angustiado» escribió Isaías (Isaías 63.9, RVR1960). Este día Jesús debe haber experimentado mucha angustia.

Jesús debe haber suspirado a menudo al caminar junto al estanque de Betzatá. Y suspira también cuando se acerca a ti y a mí.

¿Recuerda que te dije que esta historia se trataba de nosotros? ¿Recuerda que dije que encontré nuestros rostros en la Biblia? Bueno, aquí estamos, rellenando los espacios en blanco entre las letras del versículo 5: «Entre ellos había un hombre inválido que llevaba enfermo treinta y ocho años».

Tal vez no te agrade ser descrito de esa manera. Quizás preferirías descubrirte en el valor de David o en la devoción de María. A todos nos gustaría eso. Pero antes de que tú o yo podamos parecernos a ellos, debemos reconocer que somos como el paralítico. Inválidos sin opciones. No podemos caminar. Ni trabajar. No estamos capacitados para cuidar de nosotros mismos. Ni siquiera podemos bajar rodando por la orilla para beneficiarnos con el agua angelical.

Es posible que estés sosteniendo este libro con manos saludables y leyendo con ojos sanos y no puedas imaginarte lo que tienen en común tú y este inválido de cuatro décadas. ¿Cómo pudiera él ser tú? ¿Qué cosa tenemos en común con él?

Simple. Nuestro dilema y nuestra esperanza. ¿Cuál dilema? Está descrito en Hebreos 12.14: «Busquen la paz con todos y lleven una vida santa, pues sin santidad nadie verá al Señor».

Ese es nuestro dilema: sólo los santos verán a Dios. La santidad es un requisito para el cielo. La perfección es una condición para la eternidad. Desearíamos que no fuese así. Nos comportamos como si no lo fuera. Nuestro comportamiento pareciera indicar que los que son «decentes» verán a Dios. Damos a entender que los que se esfuerzan verán a Dios. Nos comportamos como si fuésemos buenos porque nunca hacemos nada malo. Y que esa bondad bastará para darnos la entrada al cielo.

Eso nos parece bien a nosotros, pero a Dios no. Y Él es quien establece las normas. La norma es elevada. «Ustedes deben ser perfectos, como su Padre que está en los cielos es perfecto» (Mateo 5.48).

Pues verás, en el plan de Dios es Él la norma de perfección. No nos comparamos con otros; ellos están tan errados como nosotros. La meta es ser como Él; cualquier cosa inferior es inadecuada.

Por eso digo que el inválido eres tú y soy yo. Nosotros, al igual que él, estamos paralizados. Como él nos encontramos atrapados. De manera semejante nos hayamos inmovilizados; no tenemos solución para nuestro padecimiento.

Él nos representa a ti y a mí recostados sobre el suelo. Allí estamos nosotros heridos y cansados. En lo que a sanar nuestra condición espiritual se refiere, no tenemos oportunidad. Daría igual que se nos dijese que saltáramos sobre la luna con garrocha. No contamos en nuestro interior con lo que se necesita para ser sanado. Nuestra única esperanza es que Dios haga por nosotros lo que hizo por el hombre en Betzatá: Que salga del templo y entre en nuestro pabellón de dolor y desamparo.

Lo que exactamente ha hecho.

Lee lenta y cuidadosamente la descripción que hace Pablo de lo que Dios ha hecho por ti: «De hecho, ustedes estaban muertos a causa de sus pecados y no se habían despojado de su naturaleza pecaminosa; pero Dios nos vivificó con Cristo y nos perdonó los pecados. Él eliminó la prueba acusatoria que había contra ustedes, es decir, los mandamientos de la ley. Esa quedó anulada cuando la clavó en la cruz. Y así despojó a los seres espirituales que tienen poder y autoridad, y, por medio de Cristo, los humilló públicamente y los exhibió en su desfile triunfal» (Colosenses 2.13–15).

Al observar las palabras mencionadas anteriormente, contesta a estas preguntas. ¿Quién está haciendo la obra? ¿Tú o Dios? ¿Quién es el activo? ¿Tú o Dios? ¿Quién es el que está salvando? ¿Tú o Dios? ¿Quién es el que tiene la fuerza? ¿Y quién es el que está paralizado?

Aislemos algunas frases y veamos. Primeramente, observe su condición. «Estaban muertos a causa de sus pecados y no se habían despojado de su naturaleza pecaminosa».

El inválido está mejor que nosotros. Al menos estaba con vida. Pablo dice que si tú y yo estamos fuera de Cristo, entonces estamos muertos. Espiritualmente muertos. Cuerpos. Sin vida. Cadáveres. Muertos. ¿Qué cosa puede hacer un muerto? No mucho.

Pero observa lo que puede hacer Dios con los muertos.

«Dios nos vivificó».

«Nos perdonó».

«Eliminó la prueba acusatoria que había contra ustedes».

«La ley… quedó anulada».

«Despojó a los seres espirituales que tienen poder y autoridad».

«Los exhibió en su desfile triunfal».

Nuevamente la pregunta. ¿Quién es el activo? ¿Tú y yo o Dios? ¿Quién está atrapado y quién viene al rescate?

Dios ha lanzado chalecos salvavidas a todas las generaciones.

Observa a Jonás en la panza del pez, rodeado de jugos gástricos y algas marinas ingeridas. Durante tres días Dios lo ha dejado allí. En este tiempo Jonás ha estudiado sus opciones. Y no ha podido más que llegar a la misma conclusión: No tiene opciones. Desde donde está sentado (o flotando) existen dos salidas, y ninguna resulta demasiado atractiva. Pero tampoco Jonás parece atractivo. Arruinó su oportunidad de predicar. Como fugitivo resultó ser un fracaso. En el mejor de los casos es un cobarde y en el peor es un traidor. Y las agallas que siempre le han faltado ahora las tiene de sobra en tripas.

De manera que Jonás hace lo único que puede: ora. Nada dice sobre su propia bondad, sino que habla mucho acerca de la bondad de Dios. Ni siquiera solicita ayuda pero eso es lo que recibe. Antes de que pueda decir amén, la panza se contrae, el pez vomita y Jonás cae de cara sobre la playa.

Observa a Daniel en el foso de los leones; su perspectiva no es mucho mejor que la de Jonás. Este había sido tragado y aquel está a punto de serlo. Yace sobre su espalda y las caras de los leones están tan próximas a la suya que puede oler su aliento. El más grande apoya su pata sobre el pecho de Daniel y se inclina para dar la primera mordida y… Nada sucede. En lugar de sentir una dentellada siente un empujón. Daniel mira hacia abajo y ve el hocico de otro león que lo frota contra su estómago. El león muestra los dientes con expresión amenazante pero la boca no se abre.

En ese momento escucha Daniel las risitas en el rincón. No sabe quién es el hombre pero ¡cómo brilla y cómo se divierte! En sus manos hay un rollo de alambre para embalar y en su cara puede verse una expresión de «te agarré desprevenido».

O mira a José en el pozo, un agujero grisáceo en medio de un desierto caliente. El pozo ha sido cubierto con una tapa y él ha sido engañado. Arriba están sus hermanos, riendo y comiendo, como si no hubiesen hecho más que decirle que se alejara de ellos (lo cual era lo que habían hecho durante la mayor parte de su vida). Esos son sus hermanos, esos que tienen el firme propósito de abandonarlo allí para que pase sus días con las arañas y las serpientes, para que luego muera en el pozo.

Así como les sucedió a Jonás y a Daniel, José está atrapado. Se le han acabado las opciones. No tiene salida. No tiene esperanzas. Pero como los hijos de Jacob son tan avaros como malos, José es vendido a unos nómadas que se dirigen hacia el sur y él cambia la historia. A pesar de que en su camino hacia el palacio pasa por una prisión, a la larga acaba ante el trono. Y José finalmente se encuentra de pie ante sus hermanos, en esta ocasión ellos le piden ayuda. Y él tiene la sabiduría suficiente para darles lo que le piden y no lo que se merecen.

O mira a Barrabás esperando la muerte. Ha sido escuchada la apelación final. La ejecución ha sido programada. Barrabás pasa el tiempo jugando al solitario en su celda. Está resignado al hecho de que su fin se aproxima. No suplica. No implora. No demanda. La decisión ha sido tomada y Barrabás morirá.

Al igual que en los casos de Jonás, Daniel y José, todo está acabado, sólo resta llorar. Y como sucedió con ellos el tiempo de llanto nunca llega. Las pisadas del carcelero hacen eco en la cámara. Barrabás piensa que trae las esposas y un cigarrillo final. Está equivocado. El carcelero le trae ropa de calle. Y Barrabás abandona la prisión en libertad porque alguien que él probablemente nunca llegue a conocer ha tomado su lugar.

Tales son las historias de la Biblia. Una experiencia tras otra donde apenas se escapan de la muerte. Justo cuando el cuello se apoya en el picadero, en el momento en que le ponen la soga al cuello, llega el Calvario.

Ángeles golpean a la puerta de Lot: Génesis 19.

El torbellino habla al dolor de Job: Job 38–42.

El Jordán limpia el tormento de Naamán: 2 Reyes 5.

Aparece un ángel en la celda de Pedro: Hechos 12.

Los esfuerzos de Dios son más grandes cuando los nuestros son inútiles. Vuelve a Betzatá por un momento. Quiero que observes el diálogo breve y revelador entre el paralítico y el Salvador. Antes de que Jesús lo sane, le formula una pregunta: «¿Quieres curarte?»

«Señor, no tengo a nadie que me meta en el estanque mientras se remueve el agua. Cada vez que trato de hacerlo otro se me adelanta» (v. 7).

¿El hombre se está quejando? ¿Siente autocompasión? ¿O es que simplemente declara los hechos? Quién sabe. Pero antes de que dediquemos mucho tiempo a estos pensamientos, observe lo que sucede a continuación.

«Levántate, recoge tu camilla y anda».

«En ese mismo momento el hombre quedó sano. De inmediato tomó su camilla y comenzó a andar».

Ojalá pudiésemos hacer eso; desearía que tomásemos en serio a Jesús. Desearía que, al igual que en los cielos, aprendiésemos que lo que Él dice, eso ocurre. ¿Qué cosa es esta extraña parálisis que nos confina? ¿Qué es esta obstinada falta de voluntad de recibir la sanidad? Cuando Jesús nos diga que nos levantemos, hagámoslo.

Cuando diga que hemos sido perdonados, descarguémonos de la culpa.

Cuando diga que valemos, creámosle.

Cuando diga que somos eternos, enterremos nuestro temor.

Cuando diga que ha provisto para nosotros, dejemos de preocuparnos.

Cuando diga: «Levántate», hagámoslo.

Me encanta la historia del soldado que persiguió y atrapó al caballo desbocado de Alejandro Magno. Cuando devolvió el animal al general, Alejandro le agradeció diciendo: «Gracias, capitán».

Con una sola palabra el soldado fue promovido. Cuando lo dijo el general, el soldado lo creyó. Se presentó ante el comandante, seleccionó un nuevo uniforme y se lo puso. Fue hasta el cuartel de los oficiales y eligió una cama. Se dirigió al comedor de los oficiales y comió.

Porque se lo dijo el general, él lo creyó. Ojalá hiciésemos nosotros lo mismo.

¿Esta historia es la tuya? Puede ser. Todos los elementos son los mismos. Un gentil desconocido ha entrado en tu doliente mundo y te ha ofrecido una mano.

Ahora te toca aceptarla.

## Para reflexionar y examinar

1. ¿Con qué frecuencia escoges deliberadamente estar entre los que sufren? La presencia de Jesús en el estanque de Betzatá, ¿te da ánimo, te resulta una amonestación o ambas cosas? Explica tu respuesta.

2. ¿De qué manera la historia del hombre resulta en realidad ser un relato acerca de ti y de mí?

3. Max escribe: «Debemos reconocer que somos como el paralítico. Inválidos sin opciones». ¿Qué quiere decir esto? ¿Opinas igual que Max? ¿Por qué sí o por qué no?

4. Lee Colosenses 2.13–15. Enumera, basado en este pasaje, las cosas que Jesús logró para ti en la cruz.

5. ¿Te está diciendo Jesús, como al paralítico, que te «levantes» en algún área de tu vida? Si la respuesta es sí, ¿en cuál? Si Él lo está haciendo, ¿qué piensas hacer al respecto?

# Capítulo 9

# JUAN

Así que fue corriendo a donde estaban Simón Pedro y el discípulo al que Jesús quería mucho, y les dijo:

—¡Se han llevado del sepulcro al Señor, y no sabemos dónde lo han puesto!

Pedro y el otro discípulo salieron hacia el sepulcro. Los dos iban corriendo, pero como el otro discípulo corría más rápido que Pedro, llegó primero al sepulcro. Se inclinó para mirar, y vio las vendas, pero no entró. Tras él llegó Simón Pedro, y entró en el sepulcro. Vio allí las vendas, y la tela que había cubierto la cabeza de Jesús. Pero la tela no estaba con las vendas sino enrollada en lugar aparte. Entonces entró también el otro discípulo, el que había llegado primero al sepulcro; y vio y creyó. Hasta ese momento no habían entendido la Escritura que dice que Jesús tenía que resucitar.

Juan 20.2–8

# YO PUEDO TRANSFORMAR TU TRAGEDIA EN VICTORIA

¿Qué te parece si tenemos una charla sobre trajes fúnebres? ¿Te suena divertido? ¿Te parece un tema alegre? Difícil. Haz una lista de asuntos desagradables, y el del traje fúnebre se ubicará más o menos entre una auditoría de la Hacienda Pública y un tratamiento dental de larga duración.

A nadie le gusta hablar de trajes fúnebres. Nadie trata este tema. ¿Has tratado alguna vez de amenizar la charla durante la cena con la pregunta: «¿Qué ropa te gustaría usar cuando estés en el ataúd?»? ¿Has visto alguna vez una tienda especializada en vestimentas fúnebres? (Si hubiere alguna, tengo una frase publicitaria para sugerirle: ¡Ropa como para morirse!)

La mayoría de nosotros no hablamos del tema.

El apóstol Juan, sin embargo, fue una excepción. Pregúntale, y te dirá cómo llegó a ver la vestimenta fúnebre como un símbolo de triunfo. Pero no siempre la vio de esa manera. Como un recordatorio tangible de la muerte de su mejor amigo, Jesús, la vestimenta fúnebre al principio fue un símbolo de tragedia. Pero el primer domingo de resurrección Dios tomó la ropa de la muerte y la hizo un símbolo de vida.

¿Podría Él hacer lo mismo contigo?

Todos enfrentamos la tragedia. Es más, todos hemos recibido los símbolos de la tragedia. Los tuyos podrían ser un telegrama del departamento de la guerra, un brazalete de identificación del hospital, una cicatriz o una citación a los tribunales. No nos gustan estos símbolos, ni tampoco los queremos. Como restos de autos en un cementerio de vehículos, afligen nuestros corazones con recuerdos de días malos.

¿Podría Dios usar estas cosas para algo bueno? ¿Hasta dónde podemos ir con versículos como: «si amamos a Dios, él hace que todo lo que nos suceda sea para nuestro bien» (Romanos 8.28)? ¿Incluirá ese «todo lo que nos suceda» tumores y exámenes y adversidades y el fin? Juan podría responder, sí. Juan te podría decir que Dios *puede tornar cualquier tragedia en triunfo si esperas y velas.*

Para probar este punto, él podría hablarte de un viernes en particular.

Después de esto, José de Arimatea le pidió a Pilato el cuerpo de Jesús. José era discípulo de Jesús, aunque en secreto porque le tenía miedo a los judíos. Pilato le dio permiso y él se llevó el cuerpo. También Nicodemo, el que había visitado a Jesús de noche, llegó con unos treinta y cuatro kilos de una mezcla de mirra y áloe. Entre los dos envolvieron el cuerpo de Jesús con vendas empapadas en las especias aromáticas. Así era la costumbre judía de sepultar a los muertos. (Juan 19.38–40)

Temerosos mientras Jesús estaba vivo pero valientes en su muerte, José y Nicodemo se dispusieron a servirle. Y lo sepultaron. Ascendieron al cerro llevando la ropa fúnebre.

Pilato los había autorizado.

José de Arimatea había donado una tumba.

Nicodemo había comprado las especias y la tela.

Juan dice que Nicodemo llevó unos treinta y cuatro kilos de mirra y áloe. No deja de llamar la atención la cantidad, pues tantas especias para ungir un cuerpo correspondían a lo que se hacía sólo con los reyes. Juan comenta también sobre la tela porque para él era un cuadro de la tragedia del viernes. Aunque no había ropa fúnebre, aunque no había tumba, aunque no había médico forense, había esperanza. Pero la llegada de la carroza fúnebre marcó la pérdida de cualquiera esperanza. Y para estos apóstoles, la ropa fúnebre simbolizaba tragedia.

¿Podía haber para Juan mayor tragedia que un Jesús muerto? Tres años antes, Juan había dado las espaldas a su carrera y apostado todo al carpintero de Nazaret. Al principio de la semana, había disfrutado de un imponente desfile cuando Jesús y los discípulos entraron a Jerusalén. ¡Pero cuán rápido había cambiado todo! La gente que el domingo lo había llamado rey, el viernes pedía su muerte y la de sus seguidores. Estos lienzos eran un recordatorio tangible que su amigo y su futuro estaban envueltos en tela y sellados detrás de una roca.

Ese viernes, Juan no sabía lo que tú y yo sabemos ahora. Él no sabía que la tragedia del viernes sería el triunfo del domingo. Posteriormente, Juan habría de confesar que «no habían entendido la Escritura que dice que Jesús tenía que resucitar» (Juan 20.9).

Por eso es que lo que hizo el sábado es tan importante.

No sabemos nada sobre ese día, no tenemos un versículo para leer ni conocimiento alguno para compartir. Todo lo que sabemos es esto: Cuando llegó el domingo, Juan todavía estaba presente. Cuando María Magdalena vino buscándole, lo encontró a él.

Jesús estaba muerto. El cuerpo del Maestro estaba sin vida. El amigo y el futuro de Juan estaban sepultados. Pero Juan no se había ido. ¿Por qué? ¿Estaba esperando la resurrección? No. Hasta donde sabía, aquellos labios se habían silenciado para siempre, y aquellas manos se habían quedado quietas para siempre. Juan no esperaba que el domingo hubiera una sorpresa. Entonces, ¿por qué estaba allí?

Pensarías que él se habría ido. ¿Quién iba a decir que los hombres que crucificaron a Jesús no vendrían por él? La muchedumbre estaba feliz viendo la crucifixión; los líderes religiosos habrían querido más. ¿Por qué Juan no salió de la ciudad?

Quizás la respuesta sea pragmática; quizás estaba cuidando a la madre de Jesús. O quizás no tenía adónde ir. Es posible que no haya tenido ni dinero, ni ánimo ni un lugar... o todo eso junto.

O a lo mejor se quedó porque amaba a Jesús.

Para otros, Jesús era un hacedor de milagros. Para otros, Jesús era un maestro de la enseñanza. Para otros, Jesús fue la esperanza de Israel. Pero para Juan, él fue todo esto y más. Para Juan, Jesús era un amigo.

A los amigos no se los abandona, ni siquiera cuando hayan muerto. Por eso Juan permaneció cerca de Jesús.

Él acostumbraba estar cerca de Jesús. Estuvo cerca de Él en el aposento alto. En el Jardín de Getsemaní. A los pies de la cruz en la crucifixión y en el entierro se mantuvo cerca de la tumba.

¿Entendió él a Jesús? No.

¿Le agradó lo que Jesús hizo? No.

¿Pero abandonó a Jesús? No.

¿Y tú? ¿Qué haces tú cuando estás en la posición de Juan? ¿Cómo reaccionas cuando en tu vida es sábado? ¿Qué haces cuando estás en algún punto entre la tragedia de ayer y la victoria de mañana? ¿Te apartas de Dios, o te quedas cerca de Él?

Juan decidió quedarse. Y porque se quedó el sábado, estaba allí el domingo para ver el milagro.

Así que [María] fue corriendo a donde estaban Simón Pedro y el discípulo al que Jesús quería mucho, y les dijo:

—¡Se han llevado del sepulcro al Señor, y no sabemos dónde lo han puesto!

Pedro y el otro discípulo salieron hacia el sepulcro. Los dos iban corriendo, pero como el otro discípulo corría más rápido que Pedro, llegó primero al sepulcro. Se inclinó para mirar, y vio las vendas, pero no entró. Tras él llegó Simón Pedro, y entró en el sepulcro. Vio allí las vendas, y la tela que había cubierto la cabeza de Jesús. Pero la tela no estaba con las vendas sino enrollada en lugar aparte. Entonces entró también el otro discípulo, el que había llegado primero al sepulcro; y vio y creyó. (Juan 20.2–8)

Muy temprano el domingo por la mañana, Pedro y Juan recibieron la noticia: «¡El cuerpo de Jesús ha desaparecido!» Había apremio en el anuncio de María y en su opinión. Creía que los enemigos de Jesús se habían llevado el cuerpo. De inmediato, los dos discípulos corrieron al sepulcro, adelantándose Juan a Pedro, por lo cual llegó primero. Lo que vio fue tan impresionante que se quedó como petrificado a la entrada de la tumba.

¿Qué vio? «Las vendas ». Vio «la tela que había cubierto la cabeza de Jesús. Pero la tela no estaba con las vendas sino enrollada en lugar aparte». El original griego ofrece una interesante ayuda en cuanto a esto. Juan emplea un término que quiere decir «enrollados»,[1] «doblados».[2] Las vendas que envolvieron el cuerpo no habían sido desenrolladas ni desechadas. ¡Estaban intactas! Nadie las había tocado. Seguían allí, enrolladas y dobladas.

¿Cómo pudo ocurrir esto?

Si sus amigos habían sacado el cuerpo de allí, ¿no se habrían llevado también la tela que lo envolvía?

¿Y si hubiesen sido los enemigos, no habrían hecho lo mismo?

Si no, si por alguna razón amigos o enemigos hubieran desenvuelto el cuerpo, ¿habrían sido tan meticulosos como para dejar la tela desechada en forma tan ordenada? Por supuesto que no.

Pero si ni amigos ni enemigos se llevaron el cuerpo, ¿quién lo hizo?

Esta era la pregunta de Juan y esta pregunta le llevó a hacer un descubrimiento. «Vio y creyó» (Juan 20.8).

A través de las telas de muerte, Juan vio el poder de la vida. ¿Sería posible que Dios usara algo tan triste como es el entierro de alguien para cambiar una vida?

Pero Dios acostumbra hacer cosas así:

En sus manos, jarrones de vino vacíos en una boda llegaron a ser símbolos de poder.

La moneda de una viuda llegó a ser símbolo de generosidad.

Un rústico establo de Belén es su símbolo de devoción.

Y un instrumento de muerte es un símbolo de su amor.

¿Debería sorprendernos que Dios haya tomado las envolturas de muerte para hacer de ellas el cuadro de vida?

Lo que nos lleva de nuevo a la pregunta. ¿Haría Dios algo similar en tu vida? ¿Podría él tomar lo que hoy es una tragedia y transformarlo en un símbolo de victoria?

Él lo hizo por mi amigo Rafael Rosales. Rafael es un pastor en El Salvador. Las guerrillas salvadoreñas vieron en él a un enemigo de su movimiento y trataron de matarlo. Abandonado para que muriera dentro de un vehículo en llamas, Rafael logró salir del automóvil... y del país. Pero no pudo escapar a los recuerdos. Las cicatrices no lo abandonarían.

Cada mirada en el espejo le recordaba de la crueldad de sus torturadores. Quizás nunca habría podido recuperarse si el Señor no le hubiera hablado a su corazón. «Me hicieron lo mismo a mí», oyó que le decía su Salvador. Y a medida que Dios fue ministrándolo, empezó a ver sus cicatrices en una forma diferente. En lugar de traerles a la memoria su dolor, se transformaron en un cuadro del sacrificio de su Salvador. Con el tiempo, pudo perdonar a sus atacantes. Durante la semana en que escribo esto, se encuentra visitando su país, buscando un lugar donde comenzar una iglesia.

¿Podría tal cambio ocurrirte a ti? Sin duda que sí. Solamente necesitas hacer lo que Juan hizo. No irte. Permanecer allí.

Recuerda la primera parte del pasaje. «*Si amamos a Dios*, él hace que todo lo que nos suceda sea para nuestro bien» (Romanos 8.28, cursivas mías). Así se sintió Juan respecto de Jesús. Lo amaba. No lo entendía o no siempre estuvo de acuerdo con Él, pero lo amaba.

Y porque lo amaba, permaneció cerca.

La Biblia dice que «si amamos a Dios, él hace que todo lo que nos suceda sea para nuestro bien». Antes de concluir este capítulo, haz este ejercicio sencillo. Quita la palabra *todo* y reemplázala con el símbolo de tu tragedia. Para el apóstol Juan el versículo diría: «si amamos a Dios, él hace que *ropa de sepultura* sea para nuestro bien». Para Rafael, podría ser: «si amamos a Dios, él hace que *mis cicatrices* sean para nuestro bien».

¿Cómo se diría Romanos 8.28 en tu vida?

Si amamos a Dios, él hace que todo lo que nos suceda *en el hospital* sea para nuestro bien.

Si amamos a Dios, él hace que todo lo que nos suceda *en el proceso de divorcio* sea para nuestro bien.

Si amamos a Dios, él hace que todo lo que nos suceda *en la cárcel* sea para nuestro bien.

Si Dios puede cambiar la vida de Juan a través de una tragedia, ¿podría usar una tragedia para cambiar la tuya?

Con todo lo difícil que puede ser creer, tú podrías estar a sólo un sábado de una resurrección. Sólo a horas de esa preciosa oración de un corazón cambiado: «Dios, ¿hiciste esto por mí?»

## PARA REFLEXIONAR Y EXAMINAR

1. «¿Cómo reaccionas cuando en tu vida es sábado?» ¿Qué quiere decir Max con «cuando en tu vida es sábado»? Después que la tragedia te ha golpeado, ¿te alejas de Dios, o te quedas cerca de Él? Explica.

2. Lee Juan 19.38–40; 20.3–9. ¿Qué encontraron Pedro «y el otro discípulo» (Juan) cuando entraron en la tumba vacía el día en que Jesús resucitó? ¿Por qué lo que vieron hizo que Juan creyera?

3. Lee Romanos 8.28. ¿Qué dice este versículo que nosotros ya «sabemos»?

4. Sigue la sugerencia de Max: «Haz este ejercicio simple. Quita la palabra *todo* en Romanos 8.28 y reemplázala con el símbolo de tu tragedia». ¿Qué ocurre cuando haces esto?

5. Solo o con la ayuda de alguien, piensa en algunas historias de la Biblia en las cuales Dios haya tomado lo que parecía una clara derrota para su pueblo y lo haya transformado en victoria. ¿En qué área de tu vida podrías usar actualmente tal victoria? Pide a un amigo para que ore contigo para que Dios haga lo mismo en tu favor.

*Capítulo 10*

# PABLO

Cuando se aproximaba a Damasco, una luz celestial deslumbrante lo rodeó de pronto. Cayó al suelo y escuchó una voz que le decía:

—Saulo, Saulo, ¿por qué me persigues?

—¿Quién eres, Señor? —preguntó.

—Yo soy Jesús —le contestó la voz—, a quien tú persigues.

»Levántate, entra en la ciudad y espera instrucciones».

¿Sirven a Cristo? ¡Mucho más lo he servido yo! (y sigo con mi locura). He trabajado más duramente, me han encarcelado más veces, me han azotado severamente, y me he visto en peligro de muerte muchas veces. En cinco ocasiones los judíos me han propinado treinta y nueve azotes. Tres veces me han azotado con varas. Una vez me apedrearon. Tres veces he naufragado. Una vez me pasé una noche y un día en alta mar. He recorrido muchos caminos. Muchas veces he estado en peligro de sucumbir en ríos, a mano de ladrones o de judíos iracundos, y también de los gentiles. He pasado por peligros en la ciudad, en el campo, en el mar y entre falsos hermanos. He sufrido muchos trabajos y fatigas, he pasado noches sin dormir; he tenido hambre y sed; he pasado sin comer; he padecido frío y no he tenido con qué cubrirme.

Hechos 9.3–6; 2 Corintios 11.23–27

# HÉROES OCULTOS

Los verdaderos héroes son difíciles de identificar. No parecen héroes. He aquí un ejemplo.

Entra conmigo a un húmedo calabozo en Judea. Atisba a través de la pequeña ventana en la puerta. Considera el estado del hombre que está en el piso. Acaba de inaugurar el movimiento más grande de la historia. Sus palabras hicieron estallar una revolución que abarcará dos milenios. Historiadores futuros lo describirán como denodado, noble y visionario.

Pero en este momento parece cualquier cosa menos eso. Mejillas hundidas. Barba apelmazada. Confusión dibujada en su rostro. Se inclina hacia atrás apoyándose en la fría pared, cierra sus ojos y suspira.

Juan nunca conoció la duda. Hambre, sí. Soledad, con frecuencia. ¿Pero duda? Nunca. Sólo cruda convicción, pronunciamientos despiadados y áspera verdad. Tal era Juan el Bautista. Convicción tan feroz como el sol del desierto.

Hasta el momento. Ahora se ha bloqueado el sol. Ahora su coraje mengua. Ahora vienen las nubes. Y ahora, al enfrentarse a la muerte, no levanta un puño de victoria; sólo eleva una pregunta. Su acto final no es una proclama de valor, sino una declaración de confusión: «Averigüen si Jesús es o no el Hijo de Dios».

El precursor del Mesías le teme al fracaso. *Averigüen si he dicho la verdad. Averigüen si he enviado a la gente al Mesías correcto. Averigüen si he estado en lo cierto o si he sido engañado.*[1]

No suena demasiado heroico, ¿verdad?

Preferiríamos que Juan muriese en paz. Preferiríamos que el pionero alcanzase a vislumbrar la montaña. Parece ser sólo justo que se le conceda al marinero la vista de la costa. Después de todo, ¿no se le permitió a

Moisés una vista del valle? ¿No es Juan el primo de Jesús? Si alguno merece ver el final de esa senda, ¿no es él?

Aparentemente no.

Los milagros que profetizó, nunca los vio. El reino que anunció, nunca conoció. Y del Mesías que proclamó, ahora duda.

Juan no tiene la apariencia del profeta que sería la transición entre la ley y la gracia. No tiene aspecto de héroe.

Los héroes rara vez parecen serlo.

¿Me permites que te lleve a otra prisión para un segundo ejemplo?

———

En esta ocasión la cárcel está en Roma. El hombre se llama Pablo. Lo que hizo Juan para presentar a Cristo, lo hizo Pablo para explicarlo. Juan despejó el camino; Pablo erigió pilares de señalización.

Al igual que Juan, Pablo dio forma a la historia. Y al igual que Juan, Pablo habría de morir en la cárcel de un déspota. No hubo titulares que anunciasen su ejecución. Ningún testigo registró los hechos. Cuando el hacha golpeó el cuello de Pablo, los ojos de la sociedad no parpadearon. Para ellos Pablo era un representante peculiar de una extraña fe.

Espía hacia adentro de la prisión y míralo tú mismo: doblado y frágil, esposado al brazo de un guardia romano. He aquí el apóstol de Dios. ¿Quién sabe cuándo fue la última vez que su espalda sintió una cama o su boca degustó una buena comida? Tres décadas de viaje y dificultades, ¿y qué sacó de todo eso?

Hay peleas en Filipo, competencia en Corinto, los legalistas pululan en Galacia. Creta está plagada de amantes de dinero. Éfeso está acechada por mujeriegos. Incluso algunos de los amigos de Pablo se han puesto en su contra.

En total bancarrota. Sin familia. Sin propiedad. Corto de vista y desgastado.

Es verdad que vivió momentos destacados. Habló una vez con un emperador, pero no pudo convertirlo. Dio un discurso en un club de hombres del Areópago, pero no se le volvió a pedir que hablase allí. Pasó unos pocos días con Pedro y los muchachos en Jerusalén, pero al parecer no lograron congeniar, así que Pablo se dedicó a recorrer los caminos.

Y nunca se detuvo. Éfeso, Tesalónica, Atenas, Siracusa, Malta. La única lista más larga de su itinerario fue la de su mala fortuna. Lo apedrearon en una ciudad y en otra quedó varado. Casi se ahoga tantas veces como casi se muere de hambre. Si permanecía más de una semana en un mismo sitio, a lo mejor se trataba de una prisión.

Nunca percibió salario. Debía costearse sus viajes. Mantuvo un trabajo a tiempo parcial en forma paralela para cubrir sus gastos.

No parece un héroe.

Tampoco suena como uno. Se presentaba como el peor pecador de la historia. Fue un matacristianos antes de ser un líder cristiano. En ocasiones su corazón estaba tan apesadumbrado que su pluma cruzaba la página arrastrándose. «¿Quién me libertará de la esclavitud de esta mortal naturaleza pecadora?» (Romanos 7.24).

Sólo el cielo sabe cuánto tiempo se quedó mirando la pregunta antes de juntar el coraje necesario para desafiar a la lógica y escribir: «¡Gracias a Dios que Cristo lo ha logrado!» (Romanos 7.25).

Un minuto controla la situación; al siguiente duda. Un día predica; al siguiente está en prisión. Y es allí donde me gustaría que lo observases. Míralo en la prisión.

Simula que no lo conoces. Eres un guardia o un cocinero o un amigo del verdugo, y has venido para echarle un último vistazo al tipo mientras afilan el hacha.

Lo que ves que arrastra los pies al desplazarse por su celda no es gran cosa. Pero me inclino hacia ti y te digo:

—Ese hombre determinará el curso de la historia.

Te ríes, pero sigo.

—La fama de Nerón se desvanecerá ante la luz de este hombre.

Te das vuelta con expresión de asombro. Continúo.

—Sus iglesias morirán. ¿Pero sus pensamientos? Al cabo de doscientos años sus pensamientos afectarán la enseñanza de cada escuela de este continente.

Mueves la cabeza.

—¿Ves esas cartas? ¿Esas cartas garabateadas en pergamino? Se leerán en miles de idiomas e impactarán todo credo y constitución de importancia del futuro. Cada figura de relevancia las leerá. Las leerán todas.

Ahí fue que reaccionaste:

—De ninguna manera. Es un hombre viejo de fe extraña. Lo matarán y olvidarán antes de que su cabeza golpee contra el piso.

¿Quién podría estar en desacuerdo? ¿Cuál pensador racional opinaría lo contrario?

El nombre de Pablo volaría como el polvo en el que habrían de convertirse sus huesos.

Asimismo los de Juan. Ningún observador equilibrado pensaría de manera diferente. Ambos eran nobles, pero pasajeros. Denodados, pero pequeños. Radicales, pero inadvertidos. Nadie, repito, nadie, se despidió de estos hombres pensando que sus nombres se recordarían por más de una generación.

Sus compañeros simplemente no tenían forma de saberlo... y tampoco nosotros.

Por eso, un héroe podría ser tu vecino sin que lo supieses. El hombre que cambia el aceite de tu auto podría ser uno. ¿Un héroe en ropa de trabajo? A lo mejor. Quizás al trabajar ora, pidiéndole a Dios que le haga al corazón del conductor lo que él le hace al motor.

¿La encargada de la guardería donde deja a sus hijos? Tal vez. Quizás sus oraciones matinales incluyen el nombre de cada niño y el sueño de que alguno de ellos llegue a cambiar al mundo. ¿Quién sabe si Dios no escucha?

¿La oficial del centro a cargo de los que están en libertad condicional? Podría ser una héroe. Podría ser la que presenta un desafío a un ex convicto para que desafíe a los jóvenes para que a su vez reten a las pandillas.

Lo sé, lo sé. Estas personas no encajan en nuestra imagen de un héroe. Parecen demasiado, demasiado... bueno, normales. Queremos cuatro estrellas, títulos y titulares. Pero algo me dice que por cada héroe de candilejas, existen docenas que están en las sombras. La prensa no les presta atención. No atraen a multitudes. ¡Ni siquiera escriben libros!

Pero detrás de cada alud hay un copo de nieve.

Detrás de un desprendimiento de rocas hay un guijarro.

Una explosión atómica comienza con un átomo.

Y un avivamiento puede empezar con un sermón.

La historia lo demuestra. John Egglen nunca había predicado un sermón en su vida. Jamás.

No es que no quisiera hacerlo, sólo que nunca tuvo la necesidad de hacerlo. Pero una mañana lo hizo. La nieve cubrió de blanco su ciudad, Colchester, Inglaterra. Cuando se despertó esa mañana de domingo de enero de 1850, pensó quedar en casa. ¿Quién iría a la iglesia en medio de semejante condición climática?

Pero cambió de parecer. Después de todo era un diácono. Y si los diáconos no iban, ¿quién lo haría? De modo que se calzó las botas, se puso el sombrero y el sobretodo, y caminó las seis millas hasta la iglesia metodista.

No fue el único miembro que consideró la posibilidad de quedarse en casa. Es más, fue uno de los pocos que asistieron. Sólo había trece personas presentes. Doce miembros y un visitante. Incluso el ministro estaba atrapado por la nieve. Alguien sugirió que volviesen a casa. Egglen no aceptó esa posibilidad. Habían llegado hasta allí; habría una reunión. Además, había una visita. Un niño de trece años.

Pero, ¿quién predicaría? Egglen era el único diácono. Le tocó a él.

Así que lo hizo. Su sermón sólo duró diez minutos. Daba vueltas y divagaba y al hacer un esfuerzo por destacar varios puntos, no remarcó ninguno en especial. Pero al final, un denuedo poco común se apoderó del hombre. Levantó sus ojos y miró directo al muchacho y le presentó un desafío: «Joven, mira a Jesús. ¡Mira! ¡Mira! ¡Mira!»

¿Produjo algún cambio ese desafío? Permitan que el muchacho, ahora un hombre, conteste: «Sí miré, y allí mismo se disipó la nube que estaba sobre mi corazón, las tinieblas se alejaron y en ese momento vi el sol».

¿El nombre del muchacho? Charles Haddon Spurgeon. El príncipe de predicadores de Inglaterra.[2]

¿Supo Egglen lo que hizo? No.

¿Saben los héroes cuando realizan actos heroicos? Pocas veces.

¿Los momentos históricos se reconocen como tales cuando suceden?

Ya sabes la respuesta a esa pregunta. (Si no, una visita al pesebre te refrescará la memoria.) Rara vez vemos a la historia cuando se genera y casi nunca reconocemos a los héroes. Y mejor así, pues si estuviésemos enterados de alguno de los dos, es probable que arruináramos a ambos.

Pero sería bueno que mantuviésemos los ojos abiertos. Es posible que el Spurgeon de mañana esté cortando tu césped. Y el héroe que lo inspira podría estar más cerca de lo que te imaginas.

Podría estar en tu espejo.

## PARA REFLEXIONAR Y EXAMINAR

1. ¿Cómo es que los héroes rara vez parecen serlo? ¿Cuál es tu imagen de un héroe?

2. ¿A cuáles «héroes que no son de candilejas» conoces? ¿Qué los convierte en héroes?

3. ¿Has sido héroe para alguno? ¿Podrías llegar a serlo?

4. Lee Marcos 1.1–8. ¿Cómo describirías a Juan en lenguaje moderno? ¿De qué manera lo ayudaron su apariencia y su estilo de vida a cumplir con su misión? ¿En qué manera fue un héroe?

5. Lee 2 Corintios 4.7–11; 6.4–10; 11.22–28. ¿Qué aprendes acerca de Pablo a través de estos pasajes? ¿Qué cosa en ellos describe el tipo de héroe que era él? ¿Te alientan o te desaniman estos pasajes? ¿Por qué?

Capítulo 11

# DOS CRIMINALES

Llevaban también con él, para matarlos, a otros dos que eran criminales. Cuando llegaron al lugar llamado la Calavera, lo crucificaron. También a los criminales, uno a la derecha de él y otro a su izquierda...

Uno de los criminales que estaban allí colgados también empezó a insultarlo:
—¿Acaso, no eres tú el Cristo? ¡Sálvate a ti mismo y sálvanos a nosotros también!

Pero el otro criminal lo reprendió: —¿Ni siquiera tienes temor de Dios aunque estés sufriendo el mismo castigo? Nosotros merecemos este castigo y sufrimos a causa de nuestros delitos; pero éste no ha hecho nada malo.

Luego le dijo: —Jesús, acuérdate de mí cuando vengas en tu reino.

Jesús le contestó: —Te aseguro que hoy estarás conmigo en el paraíso.

LUCAS 23.32–33, 39–43

# TE DEJARÉ QUE ESCOJAS

Te presento a Edwin Thomas, un maestro del escenario. Durante la segunda mitad del siglo diecinueve, este hombre bajo de estatura y con una voz tremenda tenía muy pocos rivales. Después de debutar a los quince años en *Ricardo III*, rápidamente se ganó la fama como el mejor intérprete shakesperiano. En Nueva York presentó *Hamlet* durante cien noches consecutivas. En Londres se ganó la aprobación de la ruda crítica británica. Cuando se trataba de tragedia en el escenario, Edwin Thomas estaba en un grupo muy selecto.

En materia de tragedia en la vida real, podría decirse lo mismo de él.

Edwin tenía dos hermanos, John y Junius. Ambos eran actores aunque nunca llegaron a su estatura. En 1863, los tres hermanos unieron su talento para hacer *Julio César*. El que John, hermano de Edwin hiciera el papel de Bruto fue un presagio misterioso de lo que esperaba a los hermanos, y a la nación, dos años más tarde.

Porque este John que hizo el papel del asesino de *Julio César* es el mismo John que cumplió el papel de asesino en el Teatro Ford. En una fría noche de abril de 1865, penetró subrepticiamente a un palco en el teatro de Washington y disparó un tiro a la cabeza de Abraham Lincoln. Sí, el apellido de los hermanos era Booth: Edwin Thomas Booth y John Wilkes Booth.

Después de aquella noche, Edwin no volvió a ser el mismo. Avergonzado por el crimen de su hermano, optó por el retiro. Quizás nunca habría vuelto a los escenarios si no hubiera sido por un golpe de suerte en una estación del tren en Nueva Jersey. Se encontraba esperando su tren cuando un joven, muy bien vestido, presionado por la multitud, resbaló y cayó entre la plataforma y un tren en movimiento. Sin dudarlo un momento, Edwin puso un pie en el riel, agarró al joven y lo haló para ponerlo a salvo. Después de respirar aliviado, el joven reconoció al famoso Edwin Booth.

Edwin, sin embargo, no reconoció al joven que acababa de rescatar. Tal conocimiento llegó semanas después en una carta, carta que llevó en su saco a la tumba. Una carta del general Adams Budeau, secretario en jefe del general Ulises S. Grant. Una carta en la que le agradecía el haber salvado la vida al hijo de un héroe de Estados Unidos, Abraham Lincoln. Qué irónico es que mientras un hermano mató al presidente, el otro salvó la vida del hijo de ese presidente. ¿El nombre del joven al que Edwin Booth arrancó de la muerte? Robert Todd Lincoln.[1]

Edwin y James Booth. Del mismo padre, madre, profesión y pasión. Uno escoge la vida, y el otro, la muerte. ¿Cómo pudo ocurrir algo así? No lo sé, pero ocurre. Aunque la historia es dramática, no es la única.

Abel y Caín, ambos hijos de Adán. Abel escoge a Dios. Caín escoge matar. Y Dios lo deja.

Abraham y Lot, ambos peregrinos en Canaán. Abraham escoge a Dios. Lot escoge Sodoma. Y Dios lo deja.

David y Saúl, ambos reyes de Israel. David escoge a Dios. Saúl escoge el poder. Y Dios lo deja.

Pedro y Judas, ambos niegan al Señor. Pedro busca misericordia. Judas busca la muerte. Y Dios lo deja.

La verdad es revelada en cada edad de la historia, en cada página de la Escritura: Dios nos permite tomar nuestras propias decisiones.

Y nadie ejemplifica esto más claramente que Jesús. Según Él, nosotros podemos elegir:

una puerta angosta o una puerta ancha (Mateo 7.13–14)
un camino angosto o un camino ancho (Mateo 7.13–14)
una muchedumbre o la compañía de pocos (Mateo 7.13–14)

Nosotros podemos decidir:

construir sobre la roca o sobre la arena (Mateo 7.24–27)
servir a Dios o a las riquezas (Mateo 6.24)
estar entre los corderos o entre las cabras (Mateo 25.32–33)

«Irán [los que rechazaron a Dios], por tanto, al castigo eterno, mientras que los justos entrarán a la vida eterna» (Mateo 25.46).

Dios permite elecciones eternas, y tales elecciones tienen consecuencias para la eternidad.

¿No es esto lo que nos dice el trío del Calvario? ¿Te has preguntado alguna vez por qué hubo dos cruces cerca de Cristo? ¿Por qué no seis o diez? ¿Y te has preguntado por qué Jesús estaba en el centro? ¿Por qué no a la derecha, o bien a la izquierda? ¿No será que las dos cruces en el cerro simbolizan uno de los regalos más grandes de Dios, el don de elegir?

Los dos criminales tienen mucho en común. Condenados por el mismo sistema. Condenados a una muerte idéntica. Rodeados de la misma multitud. Igualmente cerca del propio Jesús. E incluso, comienzan ambos con el mismo sarcasmo: «Y los ladrones le decían lo mismo [cosas crueles a Jesús]» (Mateo 27.44).

Pero uno cambió.

Uno de los criminales que estaban allí colgados también empezó a insultarlo: —¿Acaso, no eres tú el Cristo? ¡Sálvate a ti mismo y sálvanos a nosotros también!

Pero el otro criminal lo reprendió: —¿Ni siquiera tienes temor de Dios aunque estés sufriendo el mismo castigo? Nosotros merecemos este castigo y sufrimos a causa de nuestros delitos; pero éste no ha hecho nada malo.

Luego le dijo: —Jesús, acuérdate de mí cuando vengas en tu reino.

Jesús le contestó: —Te aseguro que hoy estarás conmigo en el paraíso. (Lucas 23.39–43)

Mucho se ha dicho acerca de la oración del ladrón penitente, y ciertamente merece toda nuestra admiración. Pero a la vez que me regocijo con el ladrón que cambió, ¿podemos olvidarnos del que no cambió? *¿Qué me dices de él, Jesús? ¿No hubo una invitación personal para él? ¿Una palabra oportuna de persuasión?*

¿No era que el pastor dejaba a las noventa y nueve para salir en busca de la perdida? ¿No fue que la dueña de casa barrió hasta que encontró la moneda perdida? Sí, el pastor lo hace, la dueña de casa también, pero el padre del hijo pródigo, recuerda, no hace nada.

La oveja se perdió inocentemente.

La moneda se perdió irresponsablemente.

Pero el hijo pródigo se fue intencionalmente.

El padre lo dejó decidir. A los dos criminales, Jesús les dio la misma oportunidad.

Hay veces cuando Dios manda truenos para que nos conmuevan. Hay ocasiones cuando Dios manda bendiciones para convencernos. Pero también hay ocasiones cuando Dios no manda sino silencio con lo cual nos está dando el honor de escoger con libertad el lugar donde habremos de pasar la eternidad.

¡Y qué honor es ese! En muchas áreas de la vida no tenemos chance de escoger. Piensa en esto. Tú no escogiste tu género. No escogiste a tus hermanos. No escogiste tu raza ni tu lugar de nacimiento.

A veces nuestra incapacidad de elegir nos irrita. «No es justo», decimos. «No es justo que yo haya nacido en la pobreza o que cante tan mal o que sea tan malo para correr. Pero cuando Dios plantó un árbol en el Jardín del Edén, las medidas de la vida fueron inclinadas para siempre hacia el lado de la justicia. Todas las protestas fueron silenciadas cuando a Adán y a su descendencia se les dio libre voluntad, la libertad de hacer cualquiera decisión eterna que quisieran. Cualquier injusticia en esta vida está compensada por el honor de escoger nuestro destino eterno.

¿No te parece que tengo razón? ¿Hubieses querido que las cosas fueran de otra manera? ¿Te habría gustado todo lo contrario? ¿Escoger todo en la vida, y que Él escogiera dónde habrías de pasar lo que sigue? ¿Escoger el tamaño de tu nariz, el color de tu cabello y tu estructura genética y que Él decidiera donde habrías de pasar la eternidad? ¿Habrías preferido eso?

Habría sido fantástico que Dios nos hubiera permitido ordenar la vida como nosotros ordenamos una comida. Creo que me decidiré por una buena salud y un cociente de inteligencia alto. No quiero nada sobre habilidades musicales, pero sí un metabolismo rápido... Hubiera sido tremendo. Pero las cosas no ocurrieron así. En cuanto a tu vida en este planeta, se te la concedió sin derecho a voz ni a voto.

Pero en relación con la vida después de la muerte, sí que tienes derecho a decidir. En mi libro eso luce como algo bueno. ¿No te parece?

¿Se nos habrá dado un privilegio de elegir mayor que ese? Este privilegio no sólo compensa cualquier injusticia, sino que el don del libre albedrío puede compensar cualquier falta.

Piensa en el ladrón que se arrepintió. Aunque sabemos muy poco de él, sabemos que en su vida cometió muchas faltas. Escogió compañeros malos, la moralidad errónea, la conducta equivocada. ¿Pero podría decirse que su vida fue un desperdicio? ¿Estará pasando la eternidad con todos los frutos de sus malas decisiones? No. Todo lo contrario. Está disfrutando del fruto de la única decisión buena que hizo. Al final todas sus malas decisiones fueron redimidas por una buena.

En tu vida tú has tomado algunas malas decisiones, ¿no es cierto? Te has equivocado al escoger a tus amigos, quizás tu carrera, incluso tu cónyuge. Miras tu vida hacia atrás y dices: «Si pudiera... si pudiera librarme de esas malas decisiones». ¡Puedes! Una buena decisión para la eternidad compensa miles de malas decisiones hechas sobre la tierra.

Tú tienes que tomar la decisión.

¿Cómo puede ser posible que de dos hermanos, nacidos de la misma madre, que crecieron en el mismo hogar, uno haya escogido la vida y el otro la muerte? No sé cómo, pero lo hacen.

¿Cómo pueden dos hombres ver al mismo Jesús y uno escoge mofarse de Él mientras que el otro decide orar a Él? No sé cómo, pero lo hicieron.

Y cuando uno oró, Jesús lo amó lo suficiente como para salvarlo. Y cuando el otro se burló, Jesús lo amó lo suficiente como para permitirle hacer eso.

Lo dejó que decidiera.

Él hace lo mismo contigo.

## PARA REFLEXIONAR Y EXAMINAR

1. ¿Por qué crees tú que Dios nos deja tomar nuestras propias decisiones?

2. ¿Qué «gran» decisión estás enfrentando en estos momentos? ¿Cómo actuarás?

3. «Dios nos deja tomar decisiones eternas, las que tienen consecuencias eternas». ¿Qué quiere decir Max por «decisiones eternas»?

4. «Hay veces cuando Dios manda truenos para que nos conmuevan. Hay ocasiones cuando Dios manda bendiciones para convencernos. Pero también hay ocasiones cuando Dios no manda sino silencio con lo cual nos está dando el honor de escoger con libertad el lugar donde habremos de pasar la eternidad». Describe una ocasión cuando Dios mandó un trueno para que te despertaras. ¿Ha mandado Dios alguna vez bendiciones para atraerte? Explica. ¿Por qué Dios guarda silencio cuando estamos frente a una gran decisión?

5. Lee Deuteronomio 30.19–20 y Josué 24.14–15. ¿Qué decisiones se nos presentan en estos pasajes? ¿Quién tiene que tomar las decisiones? ¿Qué decisión has hecho en esta difícil área de la vida? Explica.

# Capítulo 12

# MOISÉS

Un día, mientras Moisés pastoreaba los rebaños de su suegro Jetro, sacerdote de Madián, al otro lado del desierto, cerca de Horeb, monte de Dios, repentinamente se le apareció el ángel del Señor, como llamas de fuego en una zarza. Cuando Moisés vio que la zarza ardía sin quemarse, se acercó para ver bien lo que pasaba. Pero el Señor lo llamó:

—¡Moisés, Moisés!

—¿Quién me llama? —preguntó Moisés.

—No te acerques —le dijo Dios—. ¡Quítate las sandalias, porque estás pisando tierra santa! Yo soy el Dios de tus padres, el Dios de Abraham, de Isaac y de Jacob... Sí, el clamor del pueblo de Israel ha ascendido hasta mi presencia, y he visto las pesadas tareas con que los egipcios los han oprimido. Ahora te voy a enviar al faraón, para que saques a mi pueblo de Egipto.

ÉXODO 3.1–6, 9–10

# LA VOZ PROVENIENTE DEL BALDE DE LIMPIAR

El pasillo está en silencio excepto por las ruedas del balde y los pies que va arrastrando el viejo. Ambos suenan cansados.

Ambos conocen estos pisos. ¿Cuántas noches los ha limpiado Hank? Siempre cuidando de limpiar los rincones. Siempre cuidadoso de colocar su letrero amarillo de advertencia debido a los pisos mojados. Siempre se ríe al hacerlo. «Cuidado todos», se ríe para adentro, sabiendo que no hay nadie cerca.

No a las tres de la mañana.

La salud de Hank ya no es la de antes. La gota siempre lo mantiene despierto. La artritis lo hace renguear. Sus gafas son tan gruesas que sus globos oculares aparentan ser el doble de su tamaño real. Sus hombros están caídos. Pero realiza su trabajo. Empapa el piso con agua jabonosa. Friega las marcas de los tacones que han dejado los abogados de paso firme. Acabará su tarea una hora antes de la hora de irse. Siempre finaliza temprano. Ha sido así durante veinte años.

Cuando acabe guardará su balde y se sentará afuera de la oficina del socio de mayor antigüedad y esperará. Nunca se va temprano. Podría hacerlo. Nadie lo sabría. Pero no lo hace.

Una vez quebrantó las reglas. Nunca más.

A veces, si la puerta está abierta, entra a la oficina. No por mucho tiempo. Sólo para mirar. La oficina es más grande que su apartamento. Recorre con su dedo el escritorio. Acaricia el sofá de suave cuero. Se queda de pie ante la ventana y observa mientras el cielo gris se torna dorado. Y recuerda.

Una vez tuvo una oficina como esta.

Por allá cuando Hank era Henry. En aquel entonces el encargado de limpieza era un ejecutivo. Hace mucho tiempo. Antes del turno noche. Antes del balde de limpiar. Antes del uniforme de mantenimiento. Antes del escándalo.

Hank ya no piensa mucho en el asunto. No hay razón para hacerlo. Se metió en dificultades, lo despidieron y se fue de allí. Eso es todo. No hay muchos que sepan del asunto. Mejor así. No hay necesidad de decirles nada al respecto.

Es su secreto.

La historia de Hank, dicho sea de paso, es real. Cambié el nombre y un detalle o dos. Le asigné un trabajo diferente y lo ubiqué en un siglo diferente. Pero la historia es verídica. La has escuchado. La conoces. Cuando te dé su verdadero nombre, te acordarás.

Pero más que una historia verdadera, es una historia común. Es una historia sobre un sueño descarrilado. Es una historia de una colisión entre esperanzas elevadas y duras realidades.

Les sucede a todos los soñadores. Y como todos hemos soñado, nos sucede a todos.

En el caso de Hank, se trataba de un error que nunca podría olvidar. Un grave error. Hank mató a alguien. Se encontró con un matón que golpeaba a un hombre inocente y Hank perdió el control. Asesinó al asaltante. Cuando se corrió la voz, Hank se fue.

Hank prefiere esconderse antes que ir a la cárcel. De modo que corrió. El ejecutivo se convirtió en un fugitivo.

Historia verídica. Historia común. La mayoría de las historias no llega al extremo de la de Hank. Pocos pasan sus vidas huyendo de la ley. Muchos, sin embargo, viven con remordimientos.

«Podría haber tenido una beca en golf en la universidad», me dijo un hombre la semana pasada estando en la cuarta área de salida. «Tuve una oferta apenas salí de la secundaria. Pero me uní a una banda de rock-and-roll. Al final nunca fui. Ahora estoy atrapado reparando puertas de garaje».

«Ahora estoy atrapado». Epitafio de un sueño descarrilado.

Toma un anuario de la escuela secundaria y lee la frase de «Lo que quiero hacer» debajo de cada retrato. Te marearás al respirar el aire enrarecido de visiones de cumbres de montañas:

«Estudiar en universidad de renombre».

«Escribir libros y vivir en Suiza».

«Ser médico en un país del Tercer Mundo».

«Enseñar a niños en barrios pobres».

Sin embargo, lleva el anuario a una reunión de ex compañeros a los veinte años de graduados y lee el siguiente capítulo. Algunos sueños se han convertido en realidad, pero muchos no. Entiende que no es que todos deban concretarse. Espero que ese pequeñito que soñaba con ser un luchador de sumo haya recuperado su sentido común. Y espero que no haya perdido su pasión durante el proceso. Cambiar de dirección en la vida no es trágico. Perder la pasión sí lo es.

Algo nos sucede en el trayecto. Las convicciones de cambiar el mundo se van degradando hasta convertirse en compromisos de pagar las cuentas. En lugar de lograr un cambio, logramos un salario. En lugar de mirar hacia adelante, miramos hacia atrás. En lugar de mirar hacia afuera, miramos hacia adentro.

Y no nos agrada lo que vemos.

A Hank no le gustaba. Hank veía a un hombre que se había conformado con la mediocridad. Habiendo sido educado en las instituciones de mayor excelencia del mundo, trabajaba sin embargo en el turno nocturno de un trabajo de salario mínimo para no ser visto de día.

Pero todo eso cambió cuando escuchó la voz que provenía del balde. (¿Mencioné que esta historia es verídica?)

Al principio pensó que la voz era una broma. Algunos de los hombres del tercer piso hacen trucos de este tipo.

—Henry, Henry —llamaba la voz.

Hank giró. Ya nadie le decía Henry.

—Henry, Henry.

Giró hacia el balde. Resplandecía. Rojo brillante. Rojo ardiente. Podía percibir el calor a dos metros de distancia. Se acercó y miró hacia adentro. El agua no hervía.

—Esto es extraño —murmuró Hank al acercarse un paso más para poder ver con mayor claridad. Pero la voz lo detuvo.

—No te acerques más. Quítate el calzado. Estás parado sobre baldosa santa.

De repente Hank supo quién hablaba.

—¿Dios?

No estoy inventando esto. Sé que piensas que sí lo hago. Suena alocado. Casi irreverente. ¿Dios hablando desde un balde caliente a un conserje de nombre Hank? ¿Sería creíble si dijese que Dios le hablaba desde una zarza ardiente a un pastor llamado Moisés?

Tal vez esa versión sea más fácil de analizar... porque la has escuchado antes. Pero el simple hecho de que sea Moisés y una zarza en lugar de Hank y un balde no hace que sea menos espectacular.

Con seguridad a Moisés se le cayeron las sandalias por causa de la emoción. Nos preguntamos qué sorprendió más al anciano: que Dios le hablase desde una zarza o el simple hecho de que Dios le hablase.

Moisés, al igual que Hank, había cometido un error.

Recuerdas su historia. De la nobleza por adopción. Un israelita criado en un palacio egipcio. Sus compatriotas eran esclavos, pero Moisés era privilegiado. Comía a la mesa real. Fue educado en las escuelas más refinadas.

Pero la maestra que más influyó no tenía título alguno. Era su madre. Una judía que contrataron para ser su nodriza. «Moisés», casi puedes escuchar cómo le susurra a su joven hijo: «Dios te ha colocado aquí a propósito. Algún día librarás a tu pueblo. Nunca olvides, Moisés. Nunca olvides».

Moisés no lo hizo. La llama de la justicia se hizo más caliente hasta arder. Moisés vio a un egipcio que golpeaba a un esclavo hebreo. Del mismo modo que Hank mató al asaltante, Moisés asesinó al egipcio.

Al día siguiente Moisés vio al hebreo. Pensarías que el esclavo le daría las gracias. No lo hizo. En lugar de mostrar gratitud, expresó enojo. «¿Quieres matarme también como lo hiciste con el egipcio ayer?», le preguntó (véase Éxodo 2.14).

Moisés supo que estaba en dificultades. Huyó de Egipto y se ocultó en el desierto. Llámalo un cambio de carrera. Pasó de cenar con los dirigentes de estado a contar cabezas de ovejas.

No puede decirse que haya escalado una posición.

Y así fue que un hebreo brillante y prometedor comenzó a cuidar ovejas en las colinas. Del círculo más refinado al cultivo de algodón. Del despacho del presidente al taxi. De mecer el palo de golf a cavar una zanja.

Moisés pensó que el cambio era permanente. No existe evidencia de que haya albergado jamás la intención de regresar a Egipto. Es más, todo parece indicar que deseaba permanecer con sus ovejas. De pie descalzo ante la zarza, confesó: «Pero, yo no soy la persona adecuada para esta tarea» (Éxodo 3.11).

Me alegra que Moisés haya hecho esa pregunta. Es una buena pregunta. ¿Por qué Moisés? O, más específicamente, ¿por qué el Moisés de ochenta años?

La versión de cuarenta años era más atractiva. El Moisés que vimos en Egipto era más temerario y seguro. Pero el que encontramos cuatro décadas más tarde era reacio y curtido.

Si tú o yo hubiésemos visto a Moisés allá en Egipto, habríamos dicho: «Este hombre está listo para la batalla». Fue educado en el sistema más refinado del mundo. Entrenado por los soldados más hábiles. Contaba con acceso instantáneo al círculo íntimo del faraón. Moisés hablaba su idioma y conocía sus costumbres. Era el hombre perfecto para la tarea.

Moisés a los cuarenta años nos gusta. ¿Pero Moisés a los ochenta? De ninguna manera. Demasiado viejo. Demasiado cansado. Huele a pastor. Habla como extranjero. ¿Qué impacto causaría al faraón? No es el hombre indicado para la tarea.

Y Moisés habría estado de acuerdo. «Ya lo intenté antes», diría él. «Ese pueblo no quiere ayuda. Sólo déjame aquí para cuidar de mis ovejas. Son más fáciles de guiar».

Moisés no habría ido. Tú no lo habrías enviado. Yo no lo habría enviado.

Pero Dios sí lo hizo. ¿Cómo se entiende esto? En el banco de suplentes a los cuarenta y titular a los ochenta. ¿Por qué? ¿Qué sabe ahora que en aquel entonces desconocía? ¿Qué aprendió en el desierto que en Egipto no aprendió?

Para empezar, la vida en el desierto. El Moisés de cuarenta años era uno de la ciudad. El octogenario conoce el nombre de cada serpiente y la ubicación de cada pozo de agua. Si debe conducir a miles de hebreos en el desierto, será mejor que conozca lo básico de la vida en el desierto.

Otro asunto es la dinámica de la familia. Si debe viajar con familias durante cuarenta años, es posible que le sea de ayuda comprender cómo actúan. Contrae matrimonio con una mujer de fe, la hija de un sacerdote madianita, y establece su familia.

Pero aún más importante que la vida en el desierto y la gente, Moisés necesita aprender algo acerca de sí mismo.

Al parecer lo ha aprendido. Dios dice que Moisés está listo.

Y para convencerlo, le habla a través de un arbusto. (Era necesario que hiciese algo dramático para captar la atención de Moisés.)

«Se acabaron las clases», le dice Dios. «Ha llegado el momento de ponerse a trabajar». Pobre Moisés. Ni siquiera sabía que estaba inscrito.

Pero sí lo estaba. Y, adivina qué. También lo estás tú. La voz de la zarza es la voz que te susurra. Te recuerda que Dios aún no ha acabado contigo. Claro que es posible que pienses que sí ha acabado. Tal vez pienses que ya estás en descenso. Quizás pienses que tiene otro que puede realizar la tarea.

Si eso es lo que piensas, reconsidera.

«El que comenzó tan buena obra en ustedes la irá perfeccionando hasta el día en que Jesucristo regrese» (Filipenses 1.6).

¿Viste lo que hace Dios? *Una buena obra en ti.*

¿Viste cuando la acabará? *Cuando regrese Jesús.*

¿Me permites deletrear el mensaje? *Dios aún no ha terminado su obra en ti.*

Tu Padre quiere que sepas eso. Y para convencerte, es posible que te sorprenda. Quizás te hable a través de un balde, o más extraño aun, tal vez te hable por medio de este libro.

## PARA REFLEXIONAR Y EXAMINAR

1. ¿Han cambiado tus convicciones al incrementarse tu edad? De ser así, ¿en qué forma han cambiado?

2. ¿Le habrías encargado a Moisés la tarea de sacar a Israel de la esclavitud? Explica.

3. ¿Qué te parece que habrá visto Dios en Moisés? ¿Qué te parece que puede llegar a ver en ti?

4. ¿Para qué cosa te parece que Dios aún puede estar llamándote?

5. Lee Filipenses 1.6. ¿Cuál es la promesa que se da en este versículo? ¿Cómo puede cambiar tu manera de vivir? ¿Afecta esto tu forma de vida personal? Explica.

# Capítulo 13

# JOSÉ

*Pero cuando ellos lo vieron, lo reconocieron a la distancia y decidieron matarlo.*

*—¡Ahí viene el soñador! —exclamaron—. Vamos, matémoslo y echémoslo en una cisterna. Luego le diremos a nuestro padre que algún animal salvaje se lo comió. ¡Veremos en qué paran sus sueños!*

*Cuando Rubén escuchó esto, intentó salvarle la vida a José.*

*—No lo matemos —dijo—; no debemos derramar sangre. Echémoslo vivo dentro de la cisterna. Así morirá sin que lo toquemos.*

*El plan de Rubén era sacarlo más tarde y enviarlo a casa de su padre. Cuando José llegó donde ellos estaban, le quitaron su túnica de mangas largas, y lo arrojaron a una cisterna vacía...*

*Cuando llegaron los comerciantes, sacaron a José de la cisterna y se lo vendieron por veinte monedas de plata. Los comerciantes siguieron el viaje llevando consigo a José hasta Egipto.*

*Una vez muerto su padre, los hermanos de José sintieron miedo, pues pensaban que José les guardaba rencor, y aprovecharía la ocasión para vengarse de ellos por lo que le hicieron. Así que le enviaron a unos mensajeros, para que le dijeran a José que su padre, antes de morir, había dicho: «Díganle a José que, por favor, les perdone a sus hermanos el mal que le hicieron». Así que los emisarios fueron y le dieron el mensaje a José. Además, añadieron: «Te rogamos que perdones el pecado de estos siervos del Dios de tu padre».*

*Cuando José oyó el mensaje, se conmovió profundamente y lloró. Luego llegaron sus hermanos, y cayendo de rodillas delante de él le dijeron: —Aquí estamos para ser tus esclavos.*

*Pero José les respondió: —No me tengan miedo. ¿Creen que puedo tomar yo el lugar de Dios para juzgarlos y castigarlos? En lo que a mí respecta, Dios convirtió en bien el mal que ustedes quisieron hacerme, y me puso en el alto cargo que ahora desempeño a fin de que salvara la vida de mucha gente.*

Génesis 37.18–24, 28; 50.15–20

# CUANDO TE IRRITEN LOS GRILLOS

Perdóname si este capítulo está desordenado. Al escribir, estoy enojado. Estoy enojado por causa de un grillo. Es ruidoso. Es detestable. Está escondido. Y tendrá grandes dificultades si alguna vez lo encuentro.

Llegué a mi oficina temprano. Dos horas antes de que sonara mi despertador, estaba aquí. Las mangas arremangadas y la computadora zumbando. *Gánale a los teléfonos*, pensé. *Adelántate a la mañana*, planifiqué. *Súbete al día.*

Pero *ponle las manos encima a ese grillo* es lo que no dejo de murmurar.

Pues bien, nada tengo en contra de la naturaleza. La melodía de un canario, me encanta. El placentero zumbido del viento en las hojas, me resulta agradable. Pero el *raack-raack-raack* de un grillo antes del amanecer me fastidia.

De modo que me pongo de rodillas y recorro la oficina guiándome por el sonido. Espío debajo de cajas. Quito libros de los estantes. Me tiro de barriga y miro debajo de mi escritorio. Humillante. Me ha saboteado un insecto de dos centímetros y medio.

¿Qué cosa es este insolente irritante que reduce al hombre a la posición de perseguidor de insectos?

Por fin, encuentro al culpable.

Rayos, está detrás de un estante. Fuera de mi alcance. Oculto en un escondite de madera terciada. No lo puedo alcanzar. Lo único que puedo hacer es arrojar bolígrafos a la base del estante. De modo que eso hago. *Pop. Pop. Pop.* Uno tras otro. Una andanada de bolígrafos. Finalmente se calla.

Pero el silencio dura sólo un minuto.

Así que perdóname si mis pensamientos están fragmentados, pero estoy descargando la artillería entre cada párrafo. Esta no es manera de trabajar. Esta no es forma de comenzar el día. El piso está desordenado.

Mis pantalones sucios. Mi línea de pensamiento se ha descarrilado. Lo que intento decir es, ¿cómo puede uno escribir acerca del enojo cuando hay un estúpido insecto en su oficina?

Eeeepa. Supongo que, después de todo, estoy en el contexto mental adecuado...

*Enojo.* Esta mañana es fácil de definir: el ruido del alma. *Enojo.* El irritante invisible del corazón. *Enojo.* El invasor implacable del silencio.

Al igual que el grillo, el enojo irrita.

Al igual que el grillo, el enojo no puede aplacarse con facilidad.

Al igual que el grillo, el enojo tiene por costumbre ir incrementando en volumen hasta llegar a ser el único sonido que escuchamos. Cuanto más fuerte se vuelve, más nos desesperamos.

Cuando nos maltratan, nuestra respuesta animalista es salir a cazar. Instintivamente cerramos nuestros puños. Buscar la venganza es algo muy natural. Lo cual, en parte, es lo que constituye el problema. La venganza es natural, no espiritual. Vengarse es la ley de la selva. Conceder gracia es la ley del reino.

Algunos estarán pensando: *Resulta fácil para ti decirlo, Max, sentado allí en tu oficina siendo un grillo tu principal causa de irritación. Debieras intentar vivir con mi esposa. O, debieras tratar de sobrellevar mi pasado. O, debieras criar a mis hijos. No sabes cómo me ha maltratado mi ex. No tienes idea siquiera de lo difícil que ha sido mi vida.*

Y tienes razón, no lo sé. Pero tengo una idea muy clara acerca de lo desdichado que será tu futuro si no resuelves tu enojo.

Haz una radiografía del alma del vengativo y contemplarás el tumor de la amargura: negro, amenazante, maligno. Carcinoma del espíritu. Sus fibras fatales silenciosamente van rodeando los bordes del corazón y lo destruyen. El ayer no lo puedes alterar, pero tu reacción ante el ayer sí. El pasado no lo puedes cambiar, pero tu respuesta a tu pasado sí.

¿Imposible, dices tú? Permíteme que intente demostrarte lo contrario.

Imagina que provienes de una familia grande... aproximadamente una docena de hijos. Una familia más mezclada que del antiguo programa televisivo *La familia Brady*. Todos los niños son del mismo padre, pero tienen cuatro o cinco madres diferentes.

Imagina también que tu padre es un tramposo y ha sido así por mucho tiempo. Todos lo saben. Todos saben que mediante trampas le quitó a tu tío su parte de la herencia. Todos saben que salió corriendo como cobarde para impedir que lo atrapasen.

Imaginemos también que tu tío abuelo mediante engaños hizo que tu padre se casase con la hermana de tu madre. Emborrachó a tu padre antes de la boda e hizo que fuera al altar su hija fea en lugar de la hija bella con la cual pensaba tu padre que se casaba.

Sin embargo, eso no frenó a tu padre. Simplemente se casó con las dos. La que él amaba no podía tener hijos, así que se acostó con su mucama. Es más, tenía la costumbre de acostarse con la mayoría de las ayudantes de cocina; como resultado, la mayoría de tus hermanos se parecen a las cocineras.

Por último, la esposa con la que tu padre había deseado casarse en primer lugar queda embarazada... y naces tú.

Eres el hijo preferido... y tus hermanos lo saben.

Te da un auto. A ellos no. Te viste de Armani; a ellos de ropa de una tienda barata. Vas a campamentos de verano; ellos trabajan en verano. Tú te educas; ellos se enojan.

Y se vengan. Te venden a algún proyecto de servicio en el extranjero, te suben a un avión cuyo destino es Egipto, y le dicen a tu padre que te disparó un francotirador. Te encuentras rodeado de personas desconocidas, aprendiendo un idioma que no comprendes y viviendo en una cultura que jamás viste.

¿Cuento imaginario? No. Es la historia de José. Un hijo preferido en una familia extraña, tenía toda la razón de estar enojado.

Intentó sacarle el mayor provecho posible. Se convirtió en el siervo principal de la máxima autoridad del Servicio Secreto. La esposa del jefe trató de seducirlo y cuando se negó, ella protestó y él acabó en la prisión. Faraón se enteró del hecho que José podía interpretar sueños y le dio la oportunidad de tratar de dilucidar algunos de los del mismo faraón.

Cuando José los interpretó, lo promovieron de la prisión al palacio para ocupar el puesto de primer ministro. La segunda posición en importancia en todo Egipto. La única persona ante la cual se inclinaba José era el rey.

Mientras tanto golpea una hambruna y Jacob, el padre de José, envía a sus hijos a Egipto para obtener un préstamo del extranjero. Los hermanos no lo saben, pero están frente al mismo hermano que vendieron a los gitanos unos veintidós años antes.

No reconocen a José, pero José los reconoce. Un poco más calvos y barrigones, pero son los mismos hermanos. Imagina los pensamientos de José. La última vez que vio estos rostros fue desde el fondo de un pozo. La última vez que escuchó estas voces, se estaban riendo de él. La última vez que pronunciaron su nombre, lo insultaron de toda manera posible.

Ahora es su oportunidad de vengarse. Él tiene el control total. Basta chasquear sus dedos para que estos hermanos estén muertos. Mejor aún, espósenlos y pongan grillos en sus pies y que vean cómo es un calabozo egipcio. Que duerman en el barro. Que limpien los pisos. Que aprendan egipcio.

La venganza está al alcance de José. Y hay poder en la venganza. Poder embriagante.

¿Acaso no lo hemos probado? ¿No hemos sentido la tentación de vengarnos?

Al entrar a la corte acompañando al ofensor, anunciamos: «¡Él me lastimó!» Las personas del jurado mueven sus cabezas con disgusto. «¡Él me abandonó!», explicamos, y las cámaras hacen eco de nuestra acusación. «¡Culpable!», gruñe el juez al golpear su mazo. «¡Culpable!», concuerda el jurado. «¡Culpable!», proclama el auditorio. Nos deleitamos en este momento de justicia. Saboreamos esta venganza tan anhelada. Así que prolongamos el acontecimiento. Relatamos la historia una y otra y otra vez.

Ahora congelemos esa escena. Tengo una pregunta. No para todos, sino para algunos. Algunos de ustedes están ante la corte. La corte de la queja. Algunos sacan a relucir la misma herida en cada oportunidad ante cualquiera que esté dispuesto a escuchar.

La pregunta para ustedes es: ¿Quién los convirtió en Dios? No tengo la intención de ser arrogante, pero, ¿por qué hacen lo que le corresponde a Él?

«Yo soy el que se vengará; yo pagaré», declaró Dios (Hebreos 10.30).

«No digas: "¡Me vengaré por el mal que me has hecho!" Confía en el Señor y él actuará por ti» (Proverbios 20.22).

El juicio le corresponde a Dios. El suponer algo distinto equivale a suponer que Dios no lo puede hacer.

La venganza es irreverente. Cuando devolvemos un golpe estamos diciendo: «Sé que la venganza es tuya, Dios, pero lo que ocurre es que pensé que no castigarías lo suficiente. Pensé que sería mejor tomar esta situación en mis propias manos. Tiendes a ser un poco suave».

José comprende eso. En lugar de buscar la venganza, revela su identidad y hace que su padre y el resto de la familia sean traídos a Egipto. Les concede protección y les provee un lugar para vivir. Viven en armonía durante diecisiete años.

Pero luego muere Jacob y llega el momento de la verdad. Los hermanos sospechan de que ante la ausencia de Jacob serán afortunados si logran salir de Egipto con su cabeza en su lugar. Así que se acercan a José para pedir misericordia.

«Le dijeran a José que su padre, antes de morir, había dicho: "Díganle a José que, por favor, les perdone a sus hermanos el mal que le hicieron"» (Génesis 50.16–17). (No puedo evitar sonreír ante la idea de que hombres grandes hablasen de esta manera. ¿No les parece que suenan como niños llorones: «Papá dijo que nos trates bien»?)

¿La respuesta de José? «Se conmovió profundamente y lloró» (Génesis 50.17). *«¿Qué más tengo que hacer?»*, imploran sus lágrimas. *«Les he dado un hogar. He provisto para sus familias. ¿Por qué siguen desconfiando de mi gracia?»*

Por favor lee con cuidado las dos declaraciones que les hace a sus hermanos. Primero pregunta: «¿Creen que puedo tomar yo el lugar de Dios para juzgarlos y castigarlos?» (v. 19).

¿Me permiten volver a declarar lo obvio? ¡La venganza le pertenece a Dios! Si la venganza es de Dios, no es nuestra. Dios no nos ha pedido que ajustemos las cuentas o que nos venguemos. Jamás.

¿Por qué? La respuesta puede hallarse en la segunda parte de la declaración de José: «En lo que a mí respecta, Dios convirtió en bien el mal que ustedes quisieron hacerme, y me puso en el alto cargo que ahora desempeño a fin de que salvara la vida de mucha gente» (v. 20).

El perdón aparece con más facilidad con una lente de gran alcance. José utiliza una para poder ver todo el cuadro. Rehúsa enfocar la traición de sus hermanos sin mirar también la lealtad de su Dios.

Siempre es de ayuda ver el cuadro completo.

Hace tiempo estaba en el vestíbulo de un aeropuerto cuando vi entrar a un conocido. Era un hombre al cual no había visto por bastante tiempo, pero a menudo había pensado en él. Había pasado por un divorcio y lo conocía lo suficiente como para saber que él merecía parte de la culpa.

Noté que no estaba solo. A su lado estaba una mujer. *¡Vaya bribón! ¿Hace apenas unos meses y ya está con otra dama?*

Cualquier pensamiento de saludarlo desapareció al emitir un juicio con respecto a su carácter. Pero entonces me vio. Me saludó con la mano. Me hizo señas para que me acercara. Estaba atrapado. Tendría que acercarme para visitar al réprobo. De modo que lo hice.

—Max, te presento a mi tía y a su esposo.

Tragué saliva. No había visto al hombre.

—Nos dirigimos a un encuentro familiar. Sé que les gustaría mucho conocerte.

—Usamos sus libros en nuestro estudio bíblico familiar —dijo el tío de mi amigo—. Sus percepciones son excelentes.

«Si sólo supieras», me dije. Había cometido el pecado común de los que no perdonan. Había emitido un voto sin conocer la historia.

Perdonar a alguien implica admitir nuestras limitaciones. Sólo se nos ha entregado una pieza del rompecabezas de la vida. Únicamente Dios posee la tapa de la caja.

Perdonar a alguien implica poner en práctica la reverencia. Perdonar no es decir que el que te lastimó tenía razón. Perdonar es declarar que Dios es justo y que hará lo que sea correcto.

Después de todo, ¿no tenemos ya suficientes cosas para hacer sin intentar hacer también lo que le corresponde a Dios?

Adivina qué. Acabo de notar algo. El grillo se calló. Me metí tanto en este capítulo que lo olvidé. Hace como una hora que no lanzo un bolígrafo. Supongo que se durmió. Es posible que eso sea lo que intentaba hacer desde un principio, pero yo lo despertaba a cada rato con mis bolígrafos.

Finalmente logró descansar algo. Logré darle fin a este capítulo. Es sorprendente lo que se logra cuando nos desprendemos de nuestro enojo.

## PARA REFLEXIONAR Y EXAMINAR

1. ¿Qué es lo que con más frecuencia caracteriza tu respuesta al maltrato, la «ley de la selva» o la «ley del reino»? Da un ejemplo de tu modo de reaccionar ante el maltrato.

2. «Cuando devolvemos un golpe estamos diciendo: "Sé que la venganza es tuya, Dios, pero lo que ocurre es que pensé que no castigarías lo suficiente. Pensé que sería mejor tomar esta situación en mis propias manos. Tiendes a ser un poco suave"». ¿Alguna vez te has sentido así? Explica.

3. ¿Cómo es que el perdón aparece con más facilidad con una «lente de gran alcance»?

4. ¿Por qué se dificulta con una «lente de teleobjetivo»?

5. Lee Proverbios 20.22. ¿Cuál es el mandato negativo que se da aquí? ¿Cuál es el mandato positivo? ¿De qué modo obran ambos en conjunto?

# Capítulo 14

# DAVID

En la madrugada del día siguiente David dejó las ovejas con otro pastor y partió con los regalos. Llegó a las afueras del campamento en el momento en que el ejército de Israel salía en orden de batalla y lanzaba gritos de guerra. Pronto las fuerzas israelitas y filisteas estuvieron frente a frente. David dejó las cosas que llevaba en manos del encargado de las armas y provisiones y corrió a las filas en busca de sus hermanos. Mientras conversaba con ellos, vio que el gigante Goliat se adelantaba a las tropas filisteas y su desafío al ejército de Israel. Tan pronto como lo vieron los hombres de Israel comenzaron a huir llenos de miedo...

David respondió [a Goliat] gritando: —Tú vienes a mí con espada y lanza, pero yo voy a ti en el nombre del Señor de los ejércitos del cielo y de Israel, a quien tú has desafiado. Hoy el Señor te vencerá y yo te mataré y te cortaré la cabeza, y daré tu cadáver y el de tus compañeros a las aves de rapiña y a los animales salvajes. Así todo el mundo sabrá que hay Dios en Israel, e Israel sabrá que el Señor no depende de las armas para realizar sus planes. Esta batalla le pertenece al Señor y él los va a entregar a ustedes en nuestras manos.

Goliat avanzó de nuevo y David corrió a su encuentro, y sacando una piedra de la alforja la lanzó con la honda y golpeó al gigante en la frente. La piedra se le clavó en la frente al gigante y cayó de cara a tierra. De esa manera David venció al gigante filisteo. Como no tenía espada, corrió y sacó la del gigante de la vaina y lo mató con ella, y luego le cortó la cabeza.

1 Samuel 17.20–24, 45–51

# ENFRENTA A TUS GIGANTES

El esbelto, imberbe muchacho, se hinca cerca del arroyo. Se humedece las rodillas. Mueve el agua para refrescar su mano. Si quisiera, podría estudiar sus bellas facciones en el agua. Cabello del color del cobre. Bronceada y rubicunda la piel y ojos que les hacen perder el aliento a las doncellas. Pero no buscaba su reflejo, sino rocas. Piedras. Piedras lisas. La clase de piedras que se pueden apilar cuidadosamente en la bolsa de un pastor, o que quedan niveladas contra su honda de cuero. Rocas chatas que se balancean pesadas sobre la palma y se proyectan con una fuerza de cometa estrellándose en la cabeza de un león, de un oso o, como en este caso, de un gigante.

Goliat mira fijamente hacia abajo desde la ladera. Sólo la incredulidad le reprime la risa. Él y una multitud de filisteos han convertido la mitad de su valle en un bosque de lanzas y jabalinas; una banda de rufianes con pañuelos en sus cabezas, olores corporales y tatuajes de alambre de espino ruge sanguinariamente. Goliat los dominaba a todos: mide dos metros noventa y siete de alto desde la planta de sus pies, carga setenta y dos kilogramos de armadura y gruñe como si fuera el principal evento en el campeonato nocturno de la Federación Mundial de Lucha Libre. Mide 50 de cuello, 25 ½ de cabeza y 142 centímetros de cintura. Sus bíceps estallan, los músculos de sus muslos ondulan y se jacta a lo largo del cañón. «Desafío a los ejércitos de Israel. Envíen un hombre que pelee conmigo» (1 Samuel 17.10) *¿Quién se anima a pelear mano a mano conmigo?*

*¿Quién se atreve?*

Ningún hebreo. Hasta hoy. Hasta David.

David recién había aparecido esa mañana. Dejó su actividad con las ovejas para entregarles pan y queso a sus hermanos en el frente de batalla. Allí escuchó a Goliat desafiar a Dios, y allí se decidió. «Luego tomó cinco piedras lisas del arroyo y las puso en su alforja, y armado solamente con una vara de pastor y una honda, comenzó a avanzar hacia Goliat» (v. 40).[1]

Goliat se burla del muchacho apodándolo «esmirriado». «¿Soy acaso un perro —rugió delante de David— que vienes a mí con un palo?» (v. 43). Flaco y esquelético, David. Voluminoso y bruto, Goliat. El mondadientes versus el tornado. La minibicicleta atacando a un camión de dieciocho ruedas. El perro caniche encargándose del Rottweiler. ¿Cuántas probabilidades le das a David contra su gigante?

Mejores que las que te das ti mismo contra tu propio gigante.

Tu Goliat no lleva ni espada ni escudo; sacude la hoja del desempleo, del abandono, del abuso sexual o de la depresión. Tu gigante no desfila de un lado al otro de las colinas de Elá; anda presuntuoso a través de tu oficina, tu dormitorio, tu salón de clases. Te trae facturas que no puedes pagar, calificaciones que no puedes alcanzar, gente a la que no puedes complacer, whisky que no puedes resistir, pornografía que no puedes rechazar, una profesión de la que no puedes escapar, un pasado que no puedes sacarte de encima y un futuro al que no puedes enfrentar.

Conoces muy bien el bramido de Goliat.

David se enfrentó a uno que lo puso en alerta y lo desafió día y noche. «Dos veces al día, por la mañana y por la tarde, el gigante estuvo desafiando a los ejércitos de Israel», y así lo estuvo haciendo «durante cuarenta días» (v. 16). Tú haces lo mismo. Primer pensamiento matutino, última preocupación de la noche; tu Goliat domina tu día, y se infiltra en tu alegría.

¿Cuánto tiempo hace que te acecha? La familia de Goliat fue una antigua adversaria de los israelitas. Josué los había expulsado de la tierra prometida trescientos años atrás. Desterró a todos excepto a los residentes de dos ciudades: Gat y Asdod. Gat engendra gigantes como crecen las secuoyas en el Parque Nacional de Yosemite. Adivina dónde se crió Goliat. Observe la «G» sobre su chaqueta de estudiante: Colegio Gat. Sus ancestros eran a los hebreos lo que los piratas a la marina de Su Majestad.

Los soldados de Saúl vieron a Goliat y murmuraron: «Otra vez no. Mi padre peleó con su padre. Mi abuelo peleó con su abuelo».

Tú has gemido palabras similares. «Me he convertido en un adicto al trabajo, justo como mi padre». «El divorcio envenena nuestro árbol genealógico tal como la enfermedad que le produce hongos al roble». «Mi madre tampoco pudo conservar un amigo. ¿Jamás terminará esto?»

Goliat, el más antiguo matón del valle. Más duro que un bistec de dos dólares. Más gruñidor que dos dóberman. Él te espera por las mañanas y te atormenta por las noches. Les siguió los pasos a tus ancestros y ahora te amenaza a ti. Te obstaculiza el sol y te deja parado en la sombra de la duda. «Cuando Saúl y el ejército israelita escucharon esto, se sintieron desfallecer de temor» (v. 11).

Pero ¿qué te estoy diciendo? Conoces a Goliat. Reconoces sus pasos y te estremeces ante su charla. Has visto a su Godzilla; la pregunta es: ¿Es él todo lo que ves? Conoces su voz, pero ¿es eso todo lo que escuchas? David vio y escuchó más. Lee las primeras palabras que dijo, no sólo en la batalla, sino en la Biblia:

David habló con otros que estaban por allí para verificar lo que había oído.

—¿Qué recibirá el hombre que mate al filisteo y ponga fin a nuestra humillación? —les preguntó—. ¿Quién es este filisteo incrédulo que se le permite que desafíe a los ejércitos del Dios vivo? (v. 26)

David puso de manifiesto el tema de Dios. Los soldados no mencionaron nada sobre Él, los hermanos nunca pronunciaron su nombre, pero David dio un paso sobre la plataforma y planteó el tema del Dios vivo. Hace lo mismo con el rey Saúl, no cháchara sobre la batalla o preguntas sobre las probabilidades. Sólo una anunciación fundamentada en Dios. «El Señor que me salvó de las garras del león y del oso, me salvará también de este filisteo» (v. 37).

Continúa el tema sobre Goliat. Cuando el gigante se burla de David, el muchacho pastor, contesta:

Tú vienes a mí con espada y lanza, pero yo voy a ti en el nombre del Señor de los ejércitos del cielo y de Israel, a quien tú has desafiado. Hoy el Señor te vencerá y yo te mataré y te cortaré la cabeza, y daré tu cadáver y el de tus compañeros a las aves de rapiña y a los animales salvajes. Así todo el mundo sabrá que hay Dios en Israel, e Israel sabrá que el Señor no depende de las armas para realizar sus planes. Esta batalla le pertenece al Señor y él los va a entregar a ustedes en nuestras manos. (vv. 45–47)

Nadie más habla sobre Dios. David no habla sobre nadie más que Dios.

Un segundo tema aparece en la historia. Más que «David versus Goliat» es «Dios versus el gigante».

David ve lo que los demás no ven, y rechaza ver lo que los otros ven. Todos los ojos, excepto los de David, recaen sobre el brutal coloso que respira odio. Todas las brújulas, menos la de David, se detienen en la estrella polar de los filisteos. Todos los diarios, menos el de David, describen día tras día la tierra del Neanderthal. La gente conoce sus expresiones humillantes, sus exigencias, su tamaño y sus pavoneos. Se especializa en Goliat.

David se especializa en Dios. Él no ve al gigante; por el contrario, sólo ve a Dios. Observe cuidadosamente el grito de guerra de David: «Tú vienes a mí con espada y lanza, pero yo voy a ti en el nombre del Señor de los ejércitos del cielo y de Israel, a quien tú has desafiado» (v. 45).

Fíjese el plural del sustantivo, *ejércitos* de Israel. ¿Ejércitos? El observador común ve sólo un ejército de Israel. David no. Él ve a los aliados en el Día D: un pelotón de ángeles y una infantería de santos, las armas del viento y las fuerzas de la Tierra. Dios podría «perdigonear» al enemigo con granizo como lo hizo para Moisés, derrumbar paredes como lo hizo para Josué, provocar truenos como lo hizo para Samuel.[2]

David mira al ejército de Dios. Y entonces David se apura y corre hacia la línea de batalla para hacerles frente a los filisteos (v. 48).[3]

Los hermanos de David se cubren los ojos, por temor y por vergüenza. Saúl suspira mientras el joven hebreo corre hacia una muerte segura. Goliat hecha su cabeza hacia atrás riendo, suficiente como para quitar su casco y exponer carne de su frente. David localizó el objetivo y midió el momento. El sonido del remolino de la honda es el único que se escucha en el valle. Ssshhhww. Sssshhhww. Ssshhhww. La piedra va como un torpedo hacia el cráneo. Cruzan los ojos de Goliat y le doblan las piernas. Este colapsa en la tierra y muere. David corre hacia él y le arranca la espada de su vaina, hace shish kebab al filisteo y corta su cabeza.

Podrías decir que David sabía cómo conseguir la cabeza de su gigante.

¿Cuándo fue la última vez que hiciste lo mismo? ¿Cuánto tiempo pasó desde que corriste hacia tu meta? Tratamos de escondernos, de hundirnos detrás de un escritorio o gatear en la distracción de un club nocturno o en la cama prohibida del amor. Por un momento, un día o un año, nos sentimos a salvo, aislados, anestesiados, pero entonces el trabajo se termina, el licor se consume o el amante se va, y escuchamos a Goliat otra vez. Retumbando. Rimbombantemente.

Pon en práctica una táctica diferente. Precipita al gigante con el alma saturada de Dios. *¡Gigante del divorcio, no entres a mi casa! ¿Gigante de la depresión? Podría llevarme una vida, pero no me conquistarás. Gigante del alcohol, de la intolerancia, del abuso infantil, de la inseguridad... te vas a caer.* ¿Cuánto tiempo pasó desde que cargaste tu honda y golpeaste a tu gigante?

¿Demasiado tiempo, dices? Entonces David es tu modelo. Dios lo llamó «un hombre conforme a mi corazón» (Hechos 13.22). Él no le dio esa denominación a nadie más. Ni a Abraham ni a Moisés ni a Josué. A Pablo lo llamó su apóstol; a Juan, su amado, pero a ninguno lo denominó «un hombre conforme al corazón de Dios».

Uno podría leer la historia de David y preguntarse qué vio Dios en él. El muchacho se caía tan pronto como se levantaba; tambaleaba tan a menudo como conquistaba. Conquistó a Goliat con la mirada; mas se comía con los ojos a Betsabé. Desafiaba a los que se burlaban de Dios en el valle y se unía a ellos en el desierto. Un *eagle scout* [águila exploradora] un día, compinche de la mafia el siguiente. Podía conducir ejércitos, pero no podía manejar una familia. Furioso David. Sollozador David. Sanguinario. Ávido de Dios. Ocho esposas. Un Dios.

¿Un hombre conforme al corazón de Dios? Lo que Dios vio en él, nos da esperanzas a todos nosotros. La vida de David tiene poco que ofrecer al santo sin manchas. Las almas perfectas encuentran la historia de David decepcionante. El resto, tranquilizadora. Manejamos la misma montaña rusa. Alternamos entre saltos de ángel y planchazos, suflés y tostadas quemadas.

En los momentos buenos de David, nadie es mejor. En sus malos momentos, ¿puede alguien ser peor? El corazón que Dios amó tenía sus altibajos.

Necesitamos la historia de David. Los gigantes merodean en nuestro barrio. Rechazo. Fracaso. Venganza. Remordimiento. Nuestras luchas leen un itinerario de luchadores profesionales:

- «En el principal evento, tenemos a Joe el decente muchacho versus la fraternidad de *Animal House* [La casa de los animales]».
- «Pesando 50 kilogramos, Elizabeth la chica cajera peleará con los odiosos que toman su corazón y lo rompen».
- «En este rincón, el matrimonio débil de Jason y Patricia. En el rincón opuesto el contrincante del estado de confusión, el destructor del hogar llamado Desconfianza»

Gigantes. Debemos enfrentarlos. Sin embargo, no necesitamos enfrentarlos solos. Céntrate primero y principalmente en Dios. La vez que David lo hizo, los gigantes cayeron.

Examina esta teoría con una Biblia abierta. Lee 1 Samuel 17 y haz una lista de las observaciones que David confeccionó respecto de Goliat.

Yo encontré sólo una: «¿Quién es este filisteo incrédulo que se le permite que desafíe a los ejércitos del Dios vivo?» (v. 26)

Eso es. Un comentario (chabacano) relacionado con Goliat, sin preguntas. Sin preguntas acerca de las aptitudes de Goliat, su edad, clase social o cociente intelectual. David no pregunta nada sobre el peso de la lanza, el tamaño del escudo o el significado del cráneo y el alambre de espino tatuados en el bíceps del gigante. David no piensa sobre el diplodoco en la colina. Nada absolutamente. Pero piensa más en Dios. Lee las palabras de David otra vez, y esta vez subraya las referencias a su Señor.

«Los ejércitos del *Dios vivo*» (v. 26).

«Los ejércitos del *Dios vivo*» (v. 36).

«*El Señor* de los ejércitos del cielo y de Israel» (v. 45).

«*El Señor* te vencerá... todo el mundo sabrá que *hay Dios* en Israel» (v. 46).

«*El Señor* no depende de las armas para realizar sus planes. Esta batalla *le pertenece al Señor y él los va a entregar a ustedes en nuestras manos*» (v. 47).4

Cuento ocho referencias. Los pensamientos sobre Dios superan a los de Goliat ocho a dos. ¿Cómo se compara esta proporción con la tuya? ¿Consideras la gracia de Dios cuatro veces más que lo que considera tus culpas? ¿Es tu lista de bendiciones cuatro veces más extensa que tu lista de reclamos? ¿Es tu archivo mental de esperanza cuatro veces más grueso que tu archivo mental de temores? ¿Estás cuatro veces más dispuesto a describir la fuerza de Dios como lo estás para describir las demandas de tu día?

¿No? Entonces David es tu hombre.

Algunos notan la ausencia de milagros en la historia de David. Mares rojos abiertos, no; carros en llamas, no; ni Lázaros que habían muerto, caminando. Milagros no.

Pero hay uno. David es uno. Una persona sin pulir, una maravilla Dios que iluminaba esta verdad:

Centrándote en tus gigantes, tropiezas.

Centrándote en Dios, tus gigantes caen.

Levanta tus ojos, gigante asesino. El Dios que hizo un milagro por David está listo para hacer uno por ti.

## PARA REFLEXIONAR Y EXAMINAR

1. ¿A qué Goliat tuviste que hacer frente en el pasado? ¿Cómo bloquea Goliat tu visión de Dios y hace más difícil escuchar al Señor?

2. «David se especializa en Dios. Él no ve al gigante; por el contrario, sólo ve a Dios». ¿Cómo especializarte en Dios te ayuda a reducir los Goliats de tu vida?

3. Cuando te concentras en tus gigantes, ¿qué clase de tropiezos tiendes a realizar? Cuando te concentras en Dios, ¿qué clase de caídas tus gigantes tienden a producir?

4. Lee Samuel 17.1–54. ¿Qué motivo tiene David para tener confianza en sí mismo en la pelea contra Goliat? (vv. 34–37). ¿Qué revelan los versículos 45–47 acerca del hombre conforme al corazón de Dios?

5. ¿Qué Goliat te está encarando en este momento, burlándose y desafiando a Dios para que te rescate a ti? Considera apartar una hora para concentrarte en Dios, en su poder, su sabiduría y su gloria, y en la cual te concentres también en orar para pedirle ayuda sobre ese problema. ¡Mira cuán rápido Dios introduce un punto decisivo de cambio en esta batalla!

Capítulo 15

# ESTER

*Entonces Mardoqueo le mandó a decir: «¿Piensas que porque estás en el palacio escaparás cuando los otros judíos sean muertos? Si callas en un tiempo como éste, Dios salvará a los judíos de alguna otra manera, pero tú y tu familia morirán. ¿Y quién sabe si no es para ayudar a tu pueblo en un momento como éste que has llegado a ser reina?»*

*Entonces Ester envió a decir a Mardoqueo: «Ve y reúne a todos los judíos de Susa y pídeles que ayunen por mí. Diles que no coman ni beban durante tres días con sus noches. Yo y mis sirvientas haremos lo mismo. Luego, aunque está estrictamente prohibido, me presentaré ante al rey. ¡Si he de morir, que muera!»*

*Nuevamente, mientras bebían vino, el rey le preguntó a la reina Ester: —¿Cuál es tu petición, reina Ester? ¿Qué es lo que deseas? Cualquier cosa que sea. ¡Te daré hasta la mitad de mi reino!*

*La reina Ester le contestó: —Si de verdad me he ganado el favor de Su Majestad, y si lo desea, le ruego que salve mi vida y la vida de mi pueblo.*

Ester 4.13–16; 7.2–3

# En contacto con el
# corazón del rey

Nuestra familia salió a buscar escritorios recientemente. Necesitaba uno nuevo para mi oficina, y habíamos prometido a Sara y Andrea escritorios para sus habitaciones. Sara estaba especialmente entusiasmada. Cuando regresa de la escuela, adivina, ¿qué hace? ¡Juega a la escuela! En mi niñez nunca hice eso. Trataba de olvidar las actividades del aula, no las repetía. Denalyn me pide que no me aflija, que esta es una de esas diferencias entre los géneros en cuanto a la capacidad de concentración. De modo que fuimos a la mueblería.

Cuando compra muebles, Denalyn prefiere uno de dos extremos: tan antiguo que es frágil, o tan nuevo que está sin pintar. Esta vez optamos por lo último y entramos en una tienda donde los muebles estaban sin acabado.

Andrea y Sara lograron hacer rápidamente su elección y me dirigí a hacer lo mismo. En algún punto del proceso Sara se enteró de que no íbamos a llevar los escritorios a casa el mismo día y la noticia la llenó de inquietud. Le expliqué que el mueble había que pintarlo y lo enviarían dentro de cuatro semanas. Lo mismo hubiera dado decirle cuatro milenios.

—Pero, papito, yo quería llevarlo a casa hoy mismo —me dijo con los ojos llenos de lágrimas.

Como punto a favor de ella, no pateó, ni exigió que se hiciera a su manera. Sin embargo, se puso en acción para hacer cambiar de parecer a su papá. Cada vez que doblaba en un pasillo estaba esperándome.

«Papito, ¿no crees que podríamos pintarlo nosotros mismos?»

«Papito, quiero hacer unos dibujos en mi nuevo escritorio».

«Papito, por favor, llevémoslo a casa hoy».

Después de un rato desapareció, sólo para regresar con los brazos extendidos y desbordante de entusiasmo con un descubrimiento. —Papito, ¿sabes qué? ¡Cabe en el portaequipajes del auto!

Tú y yo sabemos que una niña de siete años no tiene conciencia de lo que cabe o no cabe en un auto, pero el hecho de que hubiera medido el portaequipajes con sus brazos ablandó mi corazón. Sin embargo, el factor decisivo fue el nombre que me dio:

—Papito, por favor, ¿podemos llevarlo a casa?

La familia Lucado llevó el escritorio a casa ese día.

Escuché la petición de Sara por la misma razón que Dios escucha las nuestras. El deseo de ella era para su propio bien. ¿Qué padre no quiere que su hija pase más tiempo escribiendo y dibujando? Sara quería lo que quería yo para ella, sólo que lo quería más pronto. Cuando coincidimos con lo que Dios quiere, Él nos oye también (véase 1 Juan 5.14).

La petición de Sara era de corazón. A Dios, también, lo conmueve nuestra sinceridad. «La oración del justo es poderosa y eficaz» (Santiago 5.16)

Pero, por sobre todo, lo que me movió a responder es que Sara me llamó «papito». Respondí su petición porque es mi hija. Dios responde las nuestras porque somos sus hijos. El Rey de la creación presta especial atención a la voz de su familia. Él no solamente está dispuesto a oírnos; le gusta oírnos. Llega al punto de decirnos lo que debemos pedirle.

«Venga tu reino».

## VENGA TU REINO

Con frecuencia nos contentamos con pedir menos. Entramos en la Gran Casa de Dios con una cartera llena de peticiones: ascensos, aumentos de sueldos, necesidad de reparar la transmisión y dinero para pagar los estudios. Típicamente decimos nuestras oraciones tan informalmente como cuando pedimos una hamburguesa en un negocio: «Necesito que me resuelvas un problema y me des dos bendiciones, pero ahórrate el protocolo, por favor».

Pero esa complacencia parece inadecuada en la capilla de adoración. Aquí estamos delante del Rey de reyes. Todavía se desean el aumento de sueldo y el ascenso, ¿pero es allí donde comenzamos?

Jesús nos dice cómo comenzar. «Ustedes oren así: "Padre nuestro que estás en los cielos, santificado sea tu nombre. Venga tu reino» (Mateo 6.9-10).

Cuando dices: «Venga tu reino», estás invitando a que el Mesías mismo entre en tu mundo. «Ven, Rey mío. Pon tu trono en nuestra tierra. Te ruego que estés presente en mi corazón. Te ruego que estés presente en mi oficina. Entra en mi matrimonio. Sé Señor de mi familia, de mis temores y mis dudas». Esta no es una petición débil; es una osada apelación a Dios para que ocupe cada rincón de tu vida.

¿Quién eres para pedir tal cosa? ¿Quién eres para pedir a Dios que tome el control de tu mundo? ¡Por amor del cielo, eres su hijo! Así que puedes pedir confiadamente. «Acerquémonos, pues, confiadamente al trono del Dios de amor, para encontrar allí misericordia y gracia en el momento en que las necesitemos» (Hebreos 4.16).

## UN DRAMA ESPIRITUAL

Una maravillosa ilustración de este tipo de confianza está en la historia de Hadasa. Aunque su idioma y su cultura están a un mundo de distancia de nosotros, ella te puede contar acerca del poder de una oración dirigida a un rey. Aunque hay un par de diferencias. Su petición no iba dirigida a su padre, sino a su marido. La oración no era por un escritorio, sino por la liberación de su pueblo. Y debido a que entró en la sala del trono, debido a que abrió su corazón al rey, este cambió sus planes y millones de personas en ciento veintisiete países diferentes se salvaron.

Ah, cómo me gustaría que conocieras a Hadasa. Pero, puesto que ella vivió en el siglo quinto antes de Cristo, tal encuentro no es posible.

Tenemos que contentarnos con leer acerca de ella en un libro que lleva su nombre, su otro nombre: el libro de Ester.

¡Qué libro! Hollywood tiene un desafío, tratar de imitar el drama de esta historia... El malo Amán, que exigía que todos le rindieran homenaje... El valeroso Mardoqueo que se negó a arrodillarse delante de Amán... Las grandes palabras de Mardoqueo a Ester que si ella había sido elegida reina era «ayudar a tu pueblo»... y la convicción de Ester para salvar a su pueblo: «¡Si he de morir, que muera!»

Demos un vistazo a los personajes principales.

Asuero era rey de Persia. Era un monarca absoluto sobre la tierra desde la India hasta Etiopía. Asuero movía una ceja y podía cambiar el destino del mundo. En este sentido simbolizaba el poder de Dios porque nuestro Rey dirige el río de la vida y ni siquiera necesita levantar una ceja.

Amán era el brazo derecho de Asuero. Lee todo lo que se dice acerca de este hombre y no encontrarás nada bueno. Era un ególatra insaciable que quería que toda persona en el reino le rindiera culto. Perturbado por la pequeña minoría de los llamados judíos, decidió exterminarlos. Convenció a Asuero que el mundo sería mejor con un holocausto y estableció la fecha para el genocidio de todos los descendientes de Abraham.

Amán es un siervo del infierno y un retrato del diablo mismo, que no tenía un objetivo más elevado que ver que toda rodilla se doblase a su paso. También Satanás no tiene otro plan que perseguir al pueblo prometido de Dios. Vino para «robar, matar y destruir» (Juan 10.10). «El diablo ha bajado rabiando de furia por el poco tiempo que le queda» (Apocalipsis 12.12). Desde su mentira en el huerto de Edén, ha tratado de desbaratar el plan de Dios. En este caso Satanás espera destruir a los judíos y al linaje de Jesús. Para Amán, la matanza era una cuestión de conveniencia personal. Para Satanás, es cuestión de supervivencia. Hará todo lo necesario para impedir la presencia de Jesús en el mundo.

Por eso es que no quiere que oremos de la manera que Jesús enseñó: «Venga tu reino».

Ester, la hija adoptiva de Mardoqueo, llegó a ser reina después de ganar un concurso Miss Persia. En un solo día pasó del anonimato a la realeza, y en más de una forma hace que te acuerdes de ti mismo. Ambos son residentes en el palacio: Ester, la esposa de Asuero y tú, la esposa de Cristo. Ambos tienen acceso al trono del rey, y ambos tienen un consejero que les guía y ayuda. Tu consejero es el Espíritu Santo. El consejero de Ester era Mardoqueo.

Mardoqueo fue el que pidió a Ester que mantuviera en secreto su nacionalidad judía. Mardoqueo fue el que convenció a Ester que hablara con Asuero acerca de la inminente matanza. Quizás te preguntes por qué ella necesitaba aliento. Mardoqueo debe de haberse preguntado lo mismo. Escuchemos el mensaje que recibió de Ester:

> Todo el mundo sabe que cualquiera, sea hombre o mujer, que entre a la presencia del rey sin ser llamado por él está condenado a morir, a menos que el rey le tienda su cetro de oro. ¡Hace más de un mes que el rey no me llama a su presencia! (Ester 4.11)

Aunque nos parezca muy extraño, ni siquiera la reina podía acercarse al rey sin una invitación. Entrar a la sala del trono sin invitación era arriesgarse a la horca. Pero Mardoqueo la convence de que debe correr el riesgo. Si se pregunta por qué veo a Mardoqueo como imagen del Espíritu Santo, observa la manera de animarla a hacer lo bueno:

> Entonces Mardoqueo le mandó a decir: «¿Piensas que porque estás en el palacio escaparás cuando los otros judíos sean muertos? Si callas en un tiempo como éste, Dios salvará a los judíos de alguna otra manera, pero tú y tu familia morirán. ¿Y quién sabe si no es para ayudar a tu pueblo en un momento como éste que has llegado a ser reina?» (4.13, 14).

Observa cómo responde Ester. «Ester se puso sus vestiduras reales y entró al patio interior, al salón real del palacio, donde el rey estaba sentado en su trono» (Ester 5.1).

¿Logras verla? Como recién salida de la portada de la revista *Mademoiselle*. ¿Puedes ver al rey Asuero? Hojea su ejemplar de *Coches y carrozas*. A cada lado hay un corpulento guardia. Detrás de él un eunuco parlanchín. Por delante tiene un largo día de reuniones de gabinete y de burocracia real. Deja escapar un suspiro y se hunde en su trono...y con el rabillo del ojo logra divisar a Ester.

«Cuando el rey vio a la reina Ester que estaba de pie allí, le agradó» (5.2). Te daré una traducción propia a ese versículo: «En cuanto el rey vio a la reina Ester parada en el patio dijo: ¡Caramba! ¡Qué maravilla!» «Y le tendió el cetro de oro. Ester se acercó y tocó la punta del cetro» (5.2)

Lo que sigue es el rápido colapso de las barajas de Satanás. Amán hace planes para colgar a Mardoqueo, el único hombre que no se ha arrodillado a sus pies. Ester planifica tener un par de banquetes con Asuero y Amán. Al final del segundo banquete, Asuero ruega a Ester que le pida algo. Ester mira tímidamente al suelo y dice: «Ya que lo dices, hay un favor pequeñito que quiero pedirte». Y procedió a informar al rey del virulento antisemita que estaba decidido a matar a sus amigos como si fueran ratas, lo cual significaba que Asuero estaba al punto de perder su esposa si no actuaba con prontitud; ¿y tú no deseas eso, verdad, mi amor?

Asuero preguntó el nombre del asesino y Amán miró las salidas de emergencia. Ester destapó el pastel y Asuero perdió su sangre fría. Sale dando un portazo, sale a tomar aire y regresa sólo para encontrar a Amán a los pies de Ester. Amán está pidiendo misericordia, pero el rey piensa que está tratando de seducir a la reina. Antes de tener la oportunidad de explicar, Amán es llevado a la horca que construyó para Mardoqueo.

Amán ocupa la horca de Mardoqueo. Mardoqueo ocupa el puesto de Amán. Ester duerme feliz esa noche. Los judíos viven para ver otro día. Y tenemos un dramático recuerdo de lo que ocurre cuando nos acercamos a nuestro Rey.

Como Ester, nos han sacado del anonimato y se nos ha dado un lugar en el palacio.

Como Ester, tenemos vestiduras reales; las suyas eran de tela, nosotros estamos vestidos de justicia.

Como Ester tenemos el privilegio de hacer nuestras peticiones.

Eso fue lo que Sara hizo. Su petición no era tan espeluznante como la de Ester, pero cambió los planes de su padre. De paso, la parábola viva de Sara y su escritorio no terminó en la mueblería.

Cuando íbamos a casa, ella se dio cuenta que mi escritorio estaba en la mueblería todavía. «Supongo que no rogaste, ¿verdad, papito?» (No tenemos porque no pedimos.)

Cuando descargamos el escritorio, me invitó a «bautizarlo» haciendo un dibujo. Hice un letrero que decía: «Escritorio de Sara». Ella hizo otro que decía: «Amo a mi papito». (Adoración es la respuesta adecuada para la oración contestada.)

La parte favorita de la historia es lo que ocurrió al día siguiente. En mi sermón dominical mencioné el acontecimiento. Una pareja de la iglesia pasó a buscar el escritorio diciendo que lo iban a pintar. Cuando lo devolvieron dos días más tarde, estaba cubierto de ángeles. Y me acordé que cuando oramos: «Venga tu reino», ¡viene! Todas las huestes celestiales acuden en nuestra ayuda.

## Para reflexionar y examinar

1. Considera la frase «Venga tu reino». ¿Qué te viene a la mente cuando piensas en la venida del Reino de Dios? ¿Por qué crees que debemos orar que venga el Reino de Dios?

2. Lee Ester 3–9. ¿Qué papel jugó Ester en este drama? ¿Qué parte tuvo Mardoqueo? ¿Qué papel tuvo el rey? ¿Cuál es el personaje central desde el punto de vista del texto?

3. ¿Qué ocurriría si el Reino de Dios viniera a tu lugar de trabajo? ¿A tu matrimonio? ¿A tu familia?

4. Lee Hebreos 4.14–16. ¿A qué conclusión se llega en el versículo 16, sobre la base de lo dicho en los versículos 14–15? ¿Sacas ventaja de esto? Sí o no, ¿por qué?

5. Dedica algún tiempo a pedir a Dios que ocupe cada rincón de tu vida. ¿Qué «rincones» podrías estar reteniendo? ¿Las finanzas? ¿Relaciones? ¿Trabajo? ¿Estudios? ¿Recreación? Sé tan sincero contigo mismo como te sea posible y haz un inventario de tu vida. Luego, invita al Rey a tomar el control de cada aspecto.

## Capítulo 16

# JOB

En la tierra de Uz vivía un hombre llamado Job, hombre bueno que temía a Dios y se abstenía de lo malo. Tenía una familia grande formada por siete hijos y tres hijas, y era inmensamente rico, pues poseía siete mil ovejas, tres mil camellos, quinientas yuntas de bueyes, quinientas burras, y muchísimos siervos. Era en efecto el más rico hacendado de toda aquella región.

—Haz con él como quieras —respondió el Señor—, pero no le quites la vida.

Entonces el ángel acusador salió de la presencia del Señor e hizo brotar en Job dolorosas llagas desde la cabeza hasta los pies. Y Job, sentado en medio de las cenizas, tomó un pedazo de teja para rascarse constantemente.

El Señor prosiguió: «¿Aún quieres disputar con el Todopoderoso? ¿O prefieres darte por vencido? Tú que censuras a Dios, ¿tienes las respuestas?» Entonces Job respondió a Dios: «No soy nada. ¿Cómo podría jamás hallar las respuestas? Me tapo la boca con la mano y guardo silencio».

Job 1.1–3; 2.6–8; 40.1–4

# DONDE EL HOMBRE CIERRA LA BOCA

Cuando vivía en Brasil llevé a mamá y su amiga a ver las cataratas de Iguazú, las más grandes del mundo. Unas semanas antes me hice experto en cataratas leyendo un artículo de la revista *National Geographic*. Sin duda, pensaba, mis invitados apreciarán la buena fortuna de tenerme como guía.

Para llegar al mirador, los turistas tienen que caminar por un serpenteante sendero a través de un bosque. Aproveché la caminata para dar a mamá y su amiga un informe sobre la naturaleza en Iguazú. Estaba tan lleno de información que hablé todo el tiempo. Sin embargo, después de unos minutos me encontré hablando cada vez más fuerte. Un sonido a la distancia me obligaba a alzar mi voz. Con cada curva del sendero mi volumen subía. Finalmente, estaba gritando por superar un rugido que resultó bastante irritante. *Sea cual fuere la fuente de ese ruido, quisiera que callara para terminar mi conferencia.*

Sólo al llegar al claro me di cuenta que el ruido provenía de las cataratas. La fuerza y la furia de lo que trataba de describir ahogaron mis palabras. Ya no me podían oír. Y aun si hubieran podido, ya no tenía audiencia. Incluso mi madre prefería ver el esplendor en vez de oír mi descripción. Cerré la boca.

Hay momentos en que hablar es violar el momento... cuando el silencio representa el mayor respeto. La palabra para tales momentos es reverencia. La oración para tales momentos es «Santificado sea tu nombre». Solamente Dios y tú están aquí, y puedes imaginarte quién ocupa el trono.

No te preocupes por tener las palabras adecuadas; preocúpate más por tener el corazón adecuado. Él no busca elocuencia, sólo sinceridad.

## TIEMPO DE CALLAR

Esta fue una lección que Job tuvo que aprender. Si tenía un defecto, era su lengua. Hablaba demasiado.

No era que nadie pudiera culparlo. La calamidad le cayó encima a este hombre como un león sobre una manada de gacelas, y cuando pasó el asolamiento, difícilmente quedaba una pared en pie o un ser querido vivo. Los enemigos mataron el ganado de Job, el rayo destruyó sus ovejas. Vientos poderosos sumieron en la desgracia a sus hijos que celebraban una fiesta.

Y eso fue solamente el primer día.

Job no había tenido tiempo de llamar al seguro cuando vio que tenía lepra en las manos y erupciones en la piel. Su esposa, alma compasiva, le dijo: «¡Maldícelo [a Dios] y muérete!» Sus cuatro amigos llegaron con los modales de un sargento de instrucción, diciéndole que Dios es justo y el dolor es el resultado del mal, y tan cierto como que dos más dos es cuatro, Job debe de tener delitos en su pasado para sufrir de esa manera.

Cada cual tenía su propia interpretación de Dios y por qué Dios hizo lo que hizo. No eran los únicos que hablaban de Dios. Cuando sus acusadores callaban, Job respondía. Las palabras iban y venían...

Al fin habló Job... (3.1).
Respuesta de Elifaz de Temán a Job... (4.1).
Respuesta de Job... (6.1).
Bildad de Súah responde a Job... (8.1).
Respuesta de Job... (9.1).
Zofar de Namat responde a Job... (11.1).

Este ping-pong verbal continúa a través de veintitrés capítulos. Finalmente Job está harto de respuestas. No hay más cháchara ni discusión de grupo. Llegó el momento del discurso principal. Toma el micrófono con una mano y el púlpito con la otra y se lanza en su discurso. A través de seis capítulos Job da su opinión acerca de Dios. Esta vez los capítulos comienzan así: «Defensa final de Job» y «Job prosiguió». Define a Dios, explica a Dios y evalúa a Dios. Uno queda con la impresión de que Job sabe más de Dios que Dios mismo.

Tenemos treinta y siete capítulos en el libro antes que Dios aclare su garganta y se ponga a hablar. El capítulo treinta y ocho empieza con estas palabras: «Entonces el Señor respondió a Job».

Si su Biblia es como la mía, hay un error en este versículo. Las palabras están bien, pero el impresor usa una tipografía equivocada. Las palabras debieran verse así:

## ¡ENTONCES EL SEÑOR RESPONDIÓ A JOB!

Dios habla. Los rostros se vuelven hacia el cielo. Los vientos doblan los árboles. Los vecinos se meten en los refugios para tormentas. Los gatos salen disparados a subirse a los árboles y los perros se esconden entre los arbustos. «Hay mucho viento, mi amor. Es mejor que entres las sábanas que tendiste». En cuanto Dios abre su boca, Job se da cuenta que era mejor mantener cerrados sus ulcerados labios.

> Prepárate ahora para la lucha pues voy a exigir de ti algunas respuestas y tendrás que responderme.
>
> ¿Dónde estabas tú cuando yo eché las bases de la tierra? Dímelo, si tanto sabes. ¿Sabes cómo se calcularon las dimensiones y quién fue el agrimensor? ¿En qué se apoyan sus bases, y quién puso la piedra angular mientras las estrellas de la mañana cantaban unidas y todos los ángeles clamaban de júbilo? (38.3-7)

Dios llena los cielos de preguntas y Job no puede menos que entender el argumento: Sólo Dios define a Dios. Tienes que saber el alfabeto antes de saber leer, y Dios le dice a Job: «Tú ni siquiera conoces el abecedario del cielo, mucho menos su vocabulario». Por primera vez, Job guarda silencio. Un torrente de preguntas lo silenció.

¿Has explorado las fuentes en donde nacen los mares, o has andado por los rincones del abismo?... ¿Has ido a los tesoros de la nieve, o visto en dónde se fabrica y almacena el granizo?... ¿Fuiste tú quien dio al caballo su fortaleza o coronó su cuello de ondeante crin? ¿Le diste tú la capacidad de saltar como la langosta? ¡Su majestuoso relincho es digno de escucharse!... ¿Sabes cómo se remonta el halcón y tiende sus alas hacia el sur? (38.16, 22; 39.19–20, 26)

Job casi no tiene tiempo de menear su cabeza ante una pregunta cuando ya se le ha hecho la siguiente. La insinuación del Padre es clara: «En cuanto seas capaz de manejar cosas tan sencillas como almacenar estrellas y alargar el cuello del avestruz, podremos conversar sobre dolor y sufrimiento. Pero mientras tanto, podemos seguir sin tus comentarios».

¿Captó Job el mensaje? Pienso que sí. Escuchemos su respuesta: «No soy nada. ¿Cómo podría jamás hallar las respuestas? Me tapo la boca con la mano y guardo silencio» (40.3, 4).

Notemos el cambio. Antes de oír a Dios, Job hablaba sin saciarse. Después de oír a Dios, no puede hablar.

El silencio era la única respuesta adecuada. Hubo un tiempo en la vida de Tomás de Kempis cuando él también guardó silencio. Había escrito profusamente acerca del carácter de Dios. Pero un día Dios lo confrontó con una gracia tan santa, que a partir de ese momento todas las palabras de Kempis «parecían paja». Dejó a un lado su pluma y no volvió a escribir otra línea. Había guardado silencio.

La palabra oportuna para tales momentos es reverencia: «Santificado sea tu nombre».

## UNO SUPERIOR

Esta frase es una petición, no una proclamación. Un pedido, no un anuncio. Santificado *sea* tu nombre. Haz lo que sea necesario para ser santo en mi vida. Ocupa el lugar que te corresponde en el trono. Exáltate. Magnifícate. Glorifícate. Sé tú el Señor y yo callaré.

La palabra *santificado* viene de la palabra *santo*, y la palabra *santo* significa «separar». El origen de la palabra puede remontarse a una antigua palabra que significaba «cortar». Entonces, ser santo es cortar por encima de la norma, ser superior, extraordinario. El Santo habita en un nivel diferente del resto de nosotros. Lo que nos atemoriza a nosotros no lo atemoriza a Él. Lo que nos atribula, a Él no le causa tribulación.

Soy más marinero de agua dulce que de agua salada, pero he recorrido bastante en barco para pescar como para conocer el secreto de llegar a tierra en medio de una tormenta... No tienes que mirar a otro barco. Ciertamente no tienes que mirar las aguas. Es necesario mirar un objeto que el viento no dañe (una luz en la costa) y avanzar directamente hacia ella. La tormenta no estropea la luz.

Cuando pones la mira en nuestro Dios, fijas la vista en uno superior a cualquier tormenta de la vida.

Como Job, encontrarás paz en medio del dolor.

Como Job, cerrarás la boca y guardarás silencio.

«¡Silencio! ¡Sepan que yo soy Dios!» (Salmo 46.10). Este versículo contiene un mandamiento con una promesa.

¿El mandamiento?

*Silencio.*

Cierra tu boca.

Dobla tus rodillas.

¿La promesa? Sabrás *que yo soy Dios.*

El velero de la fe navega en aguas tranquilas. La creencia vuela sobre las alas de la espera.

En medio de las tormentas diarias, hazte el propósito de guardar silencio y poner la mira en Él. Deja que Dios sea Dios. Deja que Dios te bañe en su gloria de manera que se te quiten tanto el aliento como tus problemas. Guarda silencio. Calla. Sé receptivo y dispuesto. Entonces sabrás que Dios es Dios, y no podrás menos que confesar: «Santificado sea tu nombre».

## PARA REFLEXIONAR Y EXAMINAR

1.  ¿Cómo «santifica» uno el nombre de Dios? Por otra parte, ¿cómo lo profana? ¿Hiciste más de lo uno que de lo otro en la última semana? Explica.

2.  Lee Job 38.3–18. ¿Cuál es el argumento en todas las preguntas de Dios? ¿Qué lección quiere que Job aprenda? ¿Qué aprendes acerca de Dios en este pasaje?

3.  Lee Job 40.4–5; 42.1–6. Finalmente, ¿qué aprendió Job acerca de Dios? ¿Cómo cambió esto su actitud hacia sus circunstancias?

4.  De haber estado en el lugar de Job, ¿piensas que habrías reaccionado igual que Job? Sí o no, ¿por qué?

5.  ¿Exiges respuestas de Dios en tiempos de dificultades? ¿Qué crees que Él te diría si tuviera que responder tus preguntas?

*Capítulo 17*

# NICODEMO

*Había un fariseo llamado Nicodemo; era un jefe importante entre los judíos. Éste fue una noche a visitar a Jesús y le dijo:* —*Maestro, sabemos que Dios te ha enviado a enseñarnos, porque nadie puede hacer las señales milagrosas que tú haces si Dios no está con él.*

*Jesús le dijo:* —*Te aseguro que si una persona no nace de nuevo no podrá ver el reino de Dios.*

*Nicodemo preguntó:* —*¿Cómo puede uno nacer de nuevo cuando ya es viejo? ¿Acaso puede entrar otra vez en el vientre de su madre y nacer de nuevo?*

*Jesús respondió:* —*Te aseguro que el que no nace de agua y del Espíritu, no puede entrar en el reino de Dios. Los que nacen de padres humanos, son humanos; los que nacen del Espíritu, son espíritu. No te sorprendas de que te dije que tienes que nacer de nuevo. El viento sopla por donde quiere y oyes el ruido que produce, pero no sabes de dónde viene ni a dónde va. Eso mismo pasa con todos los que nacen del Espíritu.*

*Nicodemo preguntó:* —*¿Cómo es posible que esto suceda?*

*Jesús le respondió una vez más:* —*Tú eres maestro de Israel, ¿y no sabes estas cosas? Te aseguro que hablamos de las cosas que sabemos y de las que nosotros mismos hemos sido testigos, pero ustedes no creen lo que les decimos. Si no me creen cuando les hablo de las cosas de este mundo, ¿cómo van a creerme si les hablo de las cosas del cielo? Nadie ha subido jamás al cielo excepto el que bajó del cielo, que es el Hijo del hombre.*

*»Como Moisés levantó la serpiente en el desierto, así también tienen que levantar al Hijo del hombre, para que todo el que crea en él tenga vida eterna.*

*»Dios amó tanto al mundo, que dio a su único Hijo, para que todo el que cree en él no se pierda, sino tenga vida eterna. Dios no envió a su Hijo para condenar al mundo, sino para salvarlo por medio de él».*

Juan 3.1–17

# La conversación más famosa de la Biblia

Él espera la llegada de las sombras. La oscuridad proveerá el encubrimiento que desea. Por eso se asegura primero de que caiga la noche. Se sienta a tomar té de hojas de olivo junto a la ventana en el segundo piso de su casa, para ver la puesta del sol y tomarse su tiempo. Jerusalén es un encanto a esta hora. La luz del sol pinta las calles empedradas, matiza de oro las casas blancas y embellece la silueta del macizo templo.

Nicodemo divisa la inmensa plazoleta que refulge al otro lado de los tejados. La había recorrido en la mañana y lo hará de nuevo al día siguiente. Se reunirá con dirigentes religiosos para hacer lo que hacen los dirigentes religiosos: Hablar de Dios. Discutir acerca de cómo alcanzar a Dios, agradar a Dios, apaciguar a Dios.

Dios.

Los fariseos conversan acerca de Dios, y Nicodemo se sienta entre ellos. Para debatir. Para descifrar enigmas. Para resolver dilemas. *Para amarrarse las sandalias en el día de reposo. Para mantener zánganos. Para divorciarse de su esposa. Para deshonrar a padre y madre.*

¿Qué es lo que Dios dice? Nicodemo lo necesita saber. Es su trabajo. Es un hombre santo que dirige a hombres santos. Su nombre aparece en la exclusiva lista de los eruditos de la Torá. Ha dedicado su vida a la ley y ocupa uno de los setenta y un escaños de la corte suprema de los judíos. Tiene credenciales, influencia y preguntas.

Preguntas para este galileo que inspira a las multitudes. Este maestro improvisado y sin diplomas que se las arregla para atraer a la gente. Que tiene tiempo de sobra para los pobres y la clase media pero casi nada para el clero y la clase alta. Expulsa demonios, dicen unos; perdona pecados, afirman otros; purifica templos, a Nicodemo no le cabe la menor duda pues vio a Jesús en el pórtico de Salomón.[1] Se percató de la furia. Vio el látigo doblado y las tórtolas que salieron volando. «En mi casa nadie se va a engordar los bolsillos», declaró Jesús con firmeza. Mientras el polvo se asentaba y las monedas paraban de rodar, los negociantes clericales le sacaron el pasado judicial. El hombre de Nazaret no se ganó el favor de nadie aquel día en el templo.

Por eso Nicodemo va de noche. Sus colegas no pueden enterarse del encuentro. No lo entenderían y él no puede arriesgarse. Cuando las sombras envuelven la ciudad, sale a la calle y recorre las calles adoquinadas sin ser visto. Pasa junto a los encargados de encender las lámparas de las plazas y toma un sendero que llega a la puerta de una casa humilde. Jesús y sus seguidores se están quedando allí, según le informaron. Nicodemo golpea la puerta.

El bullicioso recinto queda en completo silencio apenas entra. Los hombres son pescadores y recaudadores de impuestos que no están habituados al ámbito intelectual de un erudito. Se reacomodan en sus asientos y Jesús mueve la mano para indicarle al visitante que tome asiento. Nicodemo lo hace e inicia la conversación más famosa de la Biblia: «Maestro, sabemos que Dios te ha enviado a enseñarnos, porque nadie puede hacer las señales milagrosas que tú haces si Dios no está con él» (Juan 3.2).

Nicodemo empieza con «lo que sabe». *He hecho mis averiguaciones*, es lo que implica. *Estoy impresionado con tu labor.*

Aquí quedamos a la expectativa de un saludo con tono similar por parte de Jesús: «Yo también he oído de ti, Nicodemo». Esperamos, tanto como Nicodemo esperaba, una charla amena y cordial.

De eso no se trata. Jesús no hace mención del puesto distinguido de Nicodemo, de sus buenas intenciones ni de sus méritos académicos, no porque fueran inexistentes sino porque en la lógica de Jesús, no vienen al caso. Él simplemente hace esta declaración: «Te aseguro que si una persona no nace de nuevo no podrá ver el reino de Dios» (v. 3).

He aquí la división continental de las Escrituras, el meridiano de Greenwich de la fe. Nicodemo está a un lado, Jesús al otro, y Cristo señala sus diferencias sin rodeos.

Nicodemo habita en el país de los esfuerzos nobles, los gestos sinceros y el trabajo arduo. Dale a Dios lo mejor de ti, reza su filosofía, y Dios hará el resto.

¿Cuál es la respuesta de Jesús? Lo mejor de ti no basta. Tus obras no funcionan. Tus mejores esfuerzos carecen de valor. A no ser que nazcas de nuevo, ni siquiera puedes ver qué se propone hacer Dios.

Nicodemo titubea, en representación de todos nosotros. ¿Nacer de nuevo? «¿Cómo puede uno nacer de nuevo cuando ya es viejo?» (v. 4). Debes estar bromeando. ¿Poner la vida en reversa? ¿Rebobinar la cinta? ¿Volver al mero comienzo? Nadie puede nacer de nuevo.

Pero eso sí, nos encantaría hacerlo. Empezar de cero. Intentarlo otra vez. Con tantos quebrantos de corazón y oportunidades perdidas. Que la vida fuera como un partido amistoso de golf, en el que se puede repetir la salida en el primer hoyo. ¿Quién no quisiera un segundo chance? Pero ¿quién haría posible algo así? Nicodemo se rasca el mentón y se ríe. «Sí claro, van a llamar a un viejo como yo de vuelta a la sala de parto».

Jesús no le halla el chiste. «Te aseguro que el que no nace de agua y del Espíritu, no puede entrar en el reino de Dios» (v. 5). En ese momento el viento hace que unas hojas entren por la puerta aún entreabierta. Jesús levanta una del piso y la muestra. El poder de Dios obra como el viento, explica Jesús. Los corazones que nacen de nuevo son nacidos del cielo. Nadie puede obtener esto con desearlo, ganárselo o crearlo. ¿Nacer de nuevo? Es algo inconcebible. Dios es el único que puede hacer tal cosa, de principio a fin.

Nicodemo mira a los prosélitos alrededor suyo. Las expresiones inertes de sus rostros hacen evidente que quedaron igualmente lelos.

El viejo Nico no tiene un gancho en el que pueda colgar tales pensamientos. Él habla el idioma de «ayúdate a ti mismo», en cambio Jesús habla y de hecho introduce un lenguaje diferente. Uno que no consiste en las obras de los hombres y las mujeres, sino en la obra hecha por Dios.

*Nacido* de nuevo. Por definición, el nacimiento es un acto pasivo. El bebé que está en el vientre materno no contribuye en absoluto al parto. Las celebraciones posparto aplauden la labor de la madre. Nadie admira los esfuerzos del infante. («¿Cómo te las arreglaste para salir, pequeño?») Al angelito hay que ponerle un chupo, no una medalla. La mamá se merece la de oro. Ella es quien hace fuerza. Ella es la que puja, agoniza y pare.

Cuando mi sobrina alumbró a su primer hijo, invitó a su hermano y su mamá a hacerse presentes. Después de ser testigo de tres horas de pujos y dolor, cuando el bebé por fin asomó la cabeza, mi sobrino se dio la vuelta y le dijo a su mamá: «Perdóname por todas las veces que fui grosero contigo».

La madre paga el precio del nacimiento. Ella no cuenta con la asistencia del bebé ni le pide consejos. ¿Por qué haría algo así? El bebé ni siquiera puede respirar sin su conexión umbilical, mucho menos abrirse paso a una nueva vida. Jesús establece en este pasaje que nosotros tampoco podemos. Renacer espiritualmente requiere un progenitor capaz, no una progenie capaz.

¿Y quién es este progenitor? Examine la expresión *de nuevo* que se selecciona estratégicamente en el texto. La lengua griega ofrece dos alternativas:[2]

1. *Palin,* que significa la repetición de un acto; volver a hacer lo que se hizo anteriormente.[3]
2. *Anothen,* que también ilustra una acción reiterada pero requiere la fuente original para su repetición. Significa «de arriba, de un lugar más alto, las cosas que provienen del cielo o de Dios».[4] En otras palabras, el que hizo la obra por primera vez vuelve a hacerla. Esta es la palabra que Jesús usa.

La diferencia entre ambos términos es la diferencia entre un cuadro pintado por da Vinci y uno pintado por mí. Supón que tú y yo estamos en el Louvre admirando la famosa *Mona Lisa.* Inspirado por la obra maestra, yo saco pincel y lienzo y anuncio: «Voy a pintar de nuevo este hermoso retrato».

¡Y lo logro! Ahí mismo en la *Salle des États* empuño mis pinceles y mezclo mis colores y rehago la *Mona Lisa*. Ay de mí, Lucado no es Leonardo. La señorita Lisa presenta ciertas tendencias al estilo Picasso, con la nariz torcida y un ojo más arriba que el otro. No obstante, cumplo técnicamente lo prometido y pinto la *Mona Lisa otra vez*.

Jesús se refiere a algo distinto. Él emplea el segundo término griego que requiere la acción de la fuente original. La expresión *anothen*, aplicada a la situación en la galería parisiense, requeriría nada más y nada menos que la presencia del mismísimo da Vinci. *Anothen* excluye:

Réplicas contemporáneas.

Homenajes de segunda generación.

Imitaciones bien intencionadas.

Aquel que lo hizo primero debe hacerlo de nuevo. El creador original rehace su creación. Este es ei acto que Jesús describe.

> *Nacer:* Dios realiza el esfuerzo.
> *De nuevo:* Dios restaura la belleza.

La idea no es intentarlo de nuevo. No necesitamos el músculo del ego sino la intervención milagrosa de Dios.

La idea entumece a Nicodemo. «¿Cómo es posible que esto suceda?» (v. 9). Jesús responde mostrándole el diamante de esperanza más grande de la Biblia.

> Dios amó
> tanto al mundo,
> que dio a su único Hijo,
> para que todo el que cree en él
> no se pierda, sino tenga
> vida eterna.

Estas veintiséis palabras arman un desfile de esperanza que empieza con Dios y termina en la vida, instándonos a todos a hacer lo mismo. Tan conciso que puede escribirse en una servilleta o memorizarse en un minuto, pero tan sólido que aguanta dos mil años de tormentas y preguntas. Si no sabes nada de la Biblia, empieza aquí. Si te sabes todo en la Biblia, vuelve aquí. Todos necesitamos recordarlo. El corazón del problema humano es el corazón del humano. Y el tratamiento está formulado en Juan 3:16.

Él ama.

Él dio.

Nosotros creemos.

Y vivimos.

Estas palabras son a las Escrituras lo que el río Misisipi es a Estados Unidos, el acceso directo al corazón de la patria. Bien sea que las creamos o las descartemos, que las acojamos o las rechacemos, cualquier consideración seria de Cristo debe incluirlas. ¿Acaso un historiador británico pasaría por alto la Carta Magna? ¿O un egiptólogo la piedra de Rosetta? ¿Podrías tú meditar en las palabras de Cristo y nunca ahondar en Juan 3:16?

Este versículo es un alfabeto de la gracia, una tabla de contenido de la esperanza cristiana, y cada palabra es un cofre de joyas. Léelo otra vez, lentamente y en voz alta; anota la palabra que más le llame la atención. «Dios amó tanto al mundo, que dio a su único Hijo, para que todo el que cree en él no se pierda, sino tenga vida eterna».

«Dios *amó* tanto al mundo…» Esperaríamos a un Dios atizado por la ira. Uno que castiga al mundo, recicla al mundo, abandona al mundo… pero ¿un Dios que ama al mundo?

¿El *mundo*? ¿Este mundo? Rompecorazones, ladrones de esperanzas y extintores de sueños transitan por todo el orbe. Dictadores que se imponen. Explotadores que causan dolor. Reverendos que se creen dignos del título. Pero Dios ama. Además, ama tanto al mundo que dio sus:

¿Declaraciones?

¿Reglas?

¿Dictados?

¿Edictos?

No. La afirmación de Juan 3:16 que aquieta el corazón, desdobla el alma y lo define todo para todos es esta: *Dios dio a su Hijo… su único Hijo.* No ideas abstractas, sino la divinidad envuelta en humanidad. Las Escrituras igualan a Jesús con Dios. Por ende, Dios se dio a sí mismo. ¿Y para qué? «Para que *todo el que* cree en él no se pierda».

A Juan Newton, que le puso música a la fe con «Sublime gracia», le encantó esta expresión que rompe barreras. Él dijo: «Si leyera "Dios amó tanto al mundo, que dio a su único Hijo, para que cuando Juan Newton creyera, tuviera vida eterna", yo me preguntaría si acaso se refiere a algún otro Juan Newton; pero "todo el que cree" incluye a este Juan Newton y también al otro Juan Newton, y a todos los demás seres humanos, sin importar cuál sea su nombre».[5]

*Todo…* una palabra universal.

Por otro lado, *no se pierda* es una expresión muy seria. Nos gustaría poder diluirla si acaso no borrarla. No así Jesús. Él clava avisos de No Entren en cada centímetro cuadrado de la puerta del diablo y dice a los que se empecinan en ir al infierno que lo tendrán que hacer sobre su cadáver. Aun así, algunas almas porfiadas insisten.

Al final, unos perecen y otros viven. ¿Qué marca la diferencia? Ni obras ni talentos, pedigríes ni posesiones. Nicodemo los tenía por montones. La diferencia la determina lo que creamos. «El que *cree* en él no se pierda, sino tenga vida eterna».

Los traductores de la Biblia en las islas Nuevas Hébrides tuvieron dificultad para traducir el verbo *creer*. Fue un problema serio, ya que tanto la palabra como el concepto son esenciales para las Escrituras.

Cierto traductor bíblico llamado John G. Paton encontró una solución mientras se fue de cacería con un hombre de la tribu. Ambos cazaron un gran venado y se lo llevaron amarrado a un travesaño por un sendero angosto y empinado en la montaña que conducía a la casa de Paton. Cuando llegaron a la veranda, los dos hombres soltaron la carga y se dejaron caer sobre los sillones de la entrada. Al hacerlo, el nativo exclamó en el idioma de su pueblo: «Qué bueno poder estirarnos aquí y descansar». Paton se fue de inmediato a traer papel y lápiz para escribir la frase.

Como resultado, su traducción final de Juan 3:16 quedó así: «Dios amó tanto al mundo, que dio a su único Hijo, para que todo aquel que se estire sobre Él no se pierda, sino tenga vida».[6]

Estirarse sobre Cristo y descansar.

Martín Lutero lo hizo. Cuando el gran reformador fallecía, unos dolores de cabeza severos lo dejaron postrado en cama y muy adolorido. Alguien le ofreció un brebaje para aliviar el sufrimiento, pero él rehusó con esta explicación: «Mi mejor receta para la cabeza y el corazón es que *Dios amó tanto al mundo, que dio a su único Hijo, para que todo el que cree en él no se pierda, sino tenga vida eterna».*[7]

La mejor receta para la cabeza y el corazón. ¿Quién no se beneficiaría de una buena dosis? Al final de todo, Nicodemo se tomó la suya. Cuando Jesús fue crucificado, el teólogo se apareció junto a José de Arimatea. Ambos dieron sus respetos y se encargaron de la sepultura de Jesús. El gesto no pasó inadvertido, en vista de la fuerte oposición a Cristo en aquel tiempo. Cuando llegó a oídos de la gente que Jesús no estaba en la tumba sino vivo, ¿se imagina la sonrisa de Nicodemo al acordarse de aquella famosa charla que inició a altas horas de la noche?

*¿Qué tal, nacer de nuevo? ¿Quién habría pensado que él sería uno de los primeros?*

## PARA REFLEXIONAR Y EXAMINAR

1. «Nicodemo habita en el país de los esfuerzos nobles, los gestos sinceros y el trabajo arduo. Dale a Dios lo mejor de ti, reza su filosofía, y Dios hará el resto». ¿Afirmaría esta filosofía la mayoría de gente religiosa que conoces? ¿Qué crees que tiene de bueno? ¿Qué tiene de malo?

2. Lee Juan 3.16 lenta y cuidadosamente, como si fuera por primera vez. ¿Qué frases te parecen las más asombrosas, las más difíciles de creer? ¿Por qué?

3. «Todo el que *cree* en él no se pierda, sino tenga vida eterna». ¿Se te hace fácil o difícil creer en Cristo? ¿Por qué?

4. Cuando te acercas a Jesús en la noche, ¿qué preguntas le haces? ¿Qué respuestas has recibido que te dan consuelo y esperanza?

5. Si has nacido de nuevo, ¿cómo cambió tu vida como resultado de ello? Si no le has pedido a Jesús que entre a tu vida, considera hacerlo ahora mismo. Lo puedes hacer diciendo esta simple oración:

*Padre, yo creo que tú amas este mundo. Tú diste a tu único Hijo para que yo pueda vivir para siempre contigo. Separado de ti, muero. Contigo, vivo. Elijo la vida. Te elijo a ti.*

Capítulo 18

# JAIRO

En eso llegó un hombre llamado Jairo, que era jefe de la sinagoga. Se arrojó a los pies de Jesús y le suplicó que fuera a su casa, porque su única hija, que tenía doce años, se estaba muriendo.

Mientras Jesús iba hacia allá, la gente lo apretujaba. Entre la gente había una mujer que estaba enferma desde hacía doce años. Tenía derrames de sangre y nadie había podido sanarla, a pesar de haber gastado cuanto tenía en médicos. Ella se acercó a Jesús por detrás y le tocó el borde del manto. En ese mismo momento quedó sana.

Jesús preguntó: —¿Quién me tocó?

Como todos negaban haberlo tocado, Pedro le dijo: —Maestro, es mucha la gente que te aprieta y empuja.

Jesús respondió: —Pero alguien me ha tocado; lo sé porque de mí ha salido poder.

La mujer, al verse descubierta, fue temblando y se arrojó a los pies de Jesús. Y allí, frente a toda la gente, le contó por qué lo había tocado y cómo en ese mismo momento había quedado sana.

Le dijo Jesús: —Hija, tu fe te ha sanado. Vete tranquila.

Jesús estaba todavía hablando, cuando llegó alguien de la casa de Jairo, el jefe de la sinagoga, y le dijo:

—Tu hija ha muerto. No molestes más al Maestro.

Jesús, que lo oyó, le dijo a Jairo: —No tengas miedo; nada más cree y ella se sanará.

Cuando llegó a la casa de Jairo, sólo permitió que entraran con él Pedro, Juan, Jacobo y el padre y la madre de la niña; y nadie más. Todos estaban llorando y lamentaban la muerte de la niña. Pero Jesús les dijo: —¡No lloren! Ella no está muerta, sino dormida.

La gente empezó a burlarse de él, porque sabían que estaba muerta. Pero él la tomó de la mano y le dijo: —¡Niña, levántate!

Ella volvió a la vida y al instante se levantó. Entonces Jesús mandó que le dieran de comer. Los padres estaban asombrados, pero él les ordenó que no contaran a nadie lo que había sucedido.

Lucas 8.41–56

# LA CHISPA DE LA ETERNIDAD

Wallace era un hombre importante. Era el tipo de hombre que encontrarías dirigiendo en oración en los partidos de fútbol o sirviendo como presidente del Club de Leones. Usaba un título junto a su nombre, un collarín religioso y tenía las manos suaves sin callos.

Tenía una linda oficina justo saliendo del santuario. Su secretaria era un poco aburrida pero él no. Él tenía una sonrisa acogedora que derretía la ansiedad al entrar por la puerta de su oficina. Se sentaba en una silla giratoria de cuero y tenía diplomas en la pared. Y tenía una manera de escuchar que hacía que uno quisiera contarle secretos que jamás le habías contado a nadie.

Era un buen hombre. Su matrimonio no estaba a la altura de lo que podía ser, pero estaba mejor que la mayoría. Su iglesia estaba llena. Su nombre era respetado. Era un golfista no muy bueno y la iglesia le compró una membresía en el club de campo para conmemorar su vigésimo año con la congregación.

La gente lo reconocía en público y se aglomeraba para escucharlo en Semana Santa y Navidad. Su cuenta de jubilación estaba creciendo, y estaba a menos de una década de colgar el hábito y descansar para pasarla disfrutando vino suave y buenos libros.

Si cometió un pecado, nadie lo sabía. Si tenía un temor, nadie se había enterado, lo cual tal vez fue su pecado más grave.

Wallace amaba a la gente. Esta mañana, no obstante, él no quiere gente.

Quiere estar a solas. Llama a su secretaria y le aconseja que no reciba más llamadas el resto del día. A ella no le parece raro. Él ha estado en el teléfono toda la mañana. Ella cree que él necesita tiempo para estudiar. Ella tiene parcialmente la razón. Él ha estado en el teléfono toda la mañana y realmente necesita tiempo. Pero no tiempo para estudiar. Tiempo para llorar.

Wallace mira la foto de 20 x 25 cm que está sobre el archivero de caoba detrás de su escritorio. A través de sus ojos llorosos mira a su hija de doce años. Frenillos. Coletas de trenzas. Pecas. Ella es un reflejo de su esposa: ojos azules, cabello marrón, nariz chata. Lo único que sacó a su padre fue su corazón. Ella es dueña de eso. Y él no tiene intención de pedirle que se lo regrese.

Ella no es la única criatura que él ha tenido, pero es la última. Y es su hija única.

Él ha creado una cerca de protección alrededor de su pequeña hija. Tal vez esa sea la razón por la cual los últimos días habían dolido tanto. La cerca se había derrumbado.

Comenzó hace seis días. Ella llegó a casa del colegio con fiebre e irritable. Su esposa la puso en la cama, pensando que era la gripe. Durante la noche subió la fiebre. A la mañana siguiente la llevaron rápidamente al hospital. Los doctores estaban desconcertados. No podían localizar el problema. Solo podían estar de acuerdo en una cosa: ella estaba enferma y se estaba enfermando más. Wallace nunca había conocido tal impotencia. No sabía cómo controlar su dolor. Él estaba tan acostumbrado a ser fuerte que no sabía cómo ser débil. Aseguraba a todos los que llamaban que su hija estaba bien. Aseguraba a todo el que preguntaba que Dios era un Dios grandioso. Aseguraba a todos menos a sí mismo.

Por dentro, sus emociones eran un gran río. Y su represa estaba comenzando a rajarse. Fue la llamada del doctor esta mañana lo que la rompió. «Ella está en coma».

Wallace colgó el teléfono y le dijo a su secretaria que no recibiera más llamadas. Él se extiende y agarra la foto y la sostiene en sus manos. De pronto las palabras revolotean en su cabeza como un carrusel. «No es justo, no es justo». Se inclina, sostiene la foto delante de su rostro y llora.

No hay nada bueno en esto. Nada. «¿Por qué una niña de doce años? ¿Por qué, por el amor de Dios?» Su rostro se endurece mientras mira por la ventana hacia el cielo gris.

«¿Por qué no me llevas a mí?» gritaba.

Él se sienta. Camina hacia la mesa de centro junto al sofá y levanta una caja de papel facial que tiene guardado para los que reciben consejería. En lo que se suena la nariz, mira por la ventana hacia el patio de la iglesia. Hay un anciano leyendo un periódico. Otro entra y se sienta a su lado y tira migajas de pan sobre el piso de piedra. Hay un susurro de alas mientras una nidada de palomas sale revoloteando del techo y agarra rápidamente la comida.

*¿No saben que mi hija se está muriendo? ¿Cómo pueden actuar como si nada malo estuviera pasando?*

Él está pensando en su hija. En la época primaveral ella solía pasar por ahí todos los días de la escuela camino a casa. Ella lo esperaba en el patio para que la acompañara a caminar a casa. Él la escuchaba persiguiendo a las palomas abajo y sabía que era tiempo de marcharse. Él dejaba lo que estaba haciendo, se ponía de pie junto a esa misma ventana y la observaba. La veía caminar haciendo equilibrio en la vereda alrededor del jardín. La observaba recoger una flor silvestre de la grama. La miraba dar vueltas como trompo hasta marearse tanto que se caía de espaldas y veía las nubes dar vueltas en el cielo.

«Ay, princesa», decía él. «Mi pequeña niña». Luego apilaba sus libros y dolores de cabeza sobre su escritorio y bajaba a reunirse con ella.

Pero no es temporada primaveral y su hija no está en el patio. Es invierno, su pequeñita está a punto de morir y dos ancianos están sentados en una banca.

«Adorable, adorable princesa».

De pronto una tercera persona entra al patio. Les dice algo a los otros dos. Luego el tercero sale disparado. *Debe ser una pelea,* se dice Wallace a sí mismo. Después se acuerda. *El maestro. Él está aquí.*

Casi se había olvidado. Jesús estaba llegando el día de hoy. Cuando Wallace estaba saliendo de su casa esta mañana, su vecino le había preguntado si iba a ver al maestro controversial.

Por dentro se burlaba de la idea. «No, estoy demasiado ocupado hoy», había contestado sacudiendo la mano, sabiendo que aun en un día poco ajetreado no apartaría tiempo para ir a ver a un predicador itinerante. Especialmente este.

Las revistas de la oficina principal habían catalogado a este tipo como inconformista.

Algunos incluso decían que estaba loco. Pero las multitudes lo rodeaban como si fuese el regalo de Dios para la humanidad.

*Voy a verlo.* Wallace en su mente volvía a ver la imagen de su vecino respondiendo.

«Sí», Wallace se había dicho a sí mismo, «tú también te suscribes a un periódico de chismes».

«Dicen que él puede sanar. . .», recordaba que decía su vecino.

Wallace se paró derecho. Luego se relajó. «No seas tonto, los que curan a través de la fe son un insulto a nuestra profesión», había declarado cuando dio una charla en el seminario el otoño pasado. «Gente parásita, charlatanes de la iglesia, profetas con fines de lucro». Él había visto a estos tipos en la televisión, con trajes de lujo, sonrisas de maniquí y con el rostro maquillado. Sacude su cabeza y regresa a su escritorio. Levanta la fotografía.

Mira fijamente el rostro de la criatura que está a punto de dejarlo.

«Dicen que puede sanar. . . .»

Wallace comenzó a evaluar sus opciones. «Si voy y me reconocen, me costará mi trabajo. Pero si ella muere y él pudo haber hecho algo. . .» Un hombre llega al punto en que su desesperación está apenas por encima de su dignidad. Él se encoge de hombros. «¿Qué otra alternativa me queda?»

*Los acontecimientos de esa tarde cambiaron la dirección de la vida de Wallace. Él contaba la historia cada vez que tenía la oportunidad.*

Le di vueltas al terminal de autobuses tres veces antes de encontrar un lugar para estacionarme. El viento frío mordía mis orejas mientras revolvía mis bolsillos buscando monedas para el parquímetro. Abotoné mi abrigo hasta el nudo de mi corbata, giré hacia el viento y caminé.

Pasé la ventana de una casa de empeño que aún estaba repleta de tarjetas de Navidad.

Alguien salió de una cantina mientras caminaba por ahí. Cerca de una docena de adolescentes con pantalones bien apretados se recostaban contra una pared de ladrillo. Uno de ellos tiró a mis pies una colilla de cigarrillo. Tres hombres con chaquetas de cuero y pantalones vaquero se calentaban las manos en una fogata de un cilindro que tenía capacidad de diez galones. Uno de ellos soltó una risa ahogada mientras yo pasaba. «Miren allí, un perrito faldero en la perrera». Yo no volteé. Si estaba hablando de mí, yo no quería saberlo.

Me sentí muy incómodo. Habían pasado años desde que había estado en esta parte de la ciudad. Eché un vistazo a mi reflejo en la ventana de una farmacia. Abrigo de lana. Zapatos puntiagudos. Traje gris. Corbata roja. Con razón estaba llamando la atención de la gente. La pregunta que tenían estaba escrita en sus ojos. «¿Qué te trae por estos lados, Sr. Oficinista?» La estación de autobuses estaba llena. Apenas pude atravesar la puerta.

Una vez que entré no podía salir. Las cabezas meneaban y se agachaban como corchos en un lago. Todos estaban tratando de cruzar la sala hasta el lado donde los pasajeros que llegaban entraron al terminal. Yo me las ingenié para pasar apretado antes que ellos. Ellos solo eran curiosos; yo estaba desesperado. Cuando llegué a la ventanilla, lo vi. Él estaba parado cerca del autobús. Él solo había podido avanzar un par de pasos contra el mar de gente. Se le veía demasiado normal. Usaba una chaqueta de corduroy, de esas que tienen parches en los codos. Sus pantalones no eran nuevos, pero estaban bonitos. No tenía corbata. Su cabello tenía un poquito de entradas antes de convertirse en un fluir de rulitos marrones. Yo no podía escuchar su voz, pero sí podía ver su rostro. Sus cejas eran pobladas. Tenía un brillo en sus ojos y una sonrisa en sus labios, como si estuviese observándote abrir un regalo de cumpleaños que te acabó de dar.

Él era tan distinto de lo que había anticipado que tuve que preguntar a una señora a mi lado si ese era él.

«Él es», sonrió ella. «Es Jesús».

Él se inclinó y desapareció por un momento y luego apareció sosteniendo a un niñito. Él sonrió. Con las manos alrededor del pecho del pequeño, lo empujó hacia arriba y lo sostuvo en el aire. Las manos eran duras y esbeltas. Alguien me había dicho que Jesús se crió en Misisipi, hijo de un mecánico en Tupelo. Él bajó al niño y comenzó a caminar hacia la puerta.

Yo sabía que si él entraba a la estación de autobuses, nunca lo iba a poder sacar de allí. Puse mis manos en contra de la ventana y comencé a avanzar poco a poco.

La gente se quejaba pero yo avanzaba de todos modos.

Cuando llegué a la entrada, también llegó Jesús. Nuestras miradas se encontraron. Yo me quedé inmóvil. Creo que no había pensado qué le iba a decir. Tal vez creí que me iba a reconocer. Quizás pensé que me iba a preguntar si había algo que pudiera hacer por mí. «Oh, mi hija está enferma y yo pensé que tal vez podría decir una oración. . .»

Pero eso no fue precisamente lo que dije. Las palabras se atracaron en mi garganta. Sentí que mis ojos se llenaron de lágrimas, mi barbilla temblaba y mis rodillas golpearon el pavimento disparejo. «Es mi hija, mi pequeña niña. . . . Está muy enferma. ¿Podría por favor tocarla para que no se muera?»

Lamenté las palabras tan pronto como las dije. Si él es un hombre, entonces he pedido lo imposible. Si él es más que hombre, ¿qué derecho tengo de hacer tal petición?

No me atrevía a mirar hacia arriba. Tenía vergüenza. Si la multitud iba a avanzar, iba a tener que moverse por mis costados. Yo no tenía el valor de levantar mi rostro.

Creo que él lo sabía. Él lo hizo por mí.

Sentí sus dedos debajo de mi barbilla. Levantó mi cabeza. No tuvo que levantarla mucho. Se había arrodillado delante de mí. Miré a sus ojos. La mirada del joven predicador acogió a este viejo pastor como los brazos de un viejo amigo. Supe entonces, que yo conocía a este hombre. Yo había visto esa mirada en algún lugar. Conocía esos ojos.

«Llévame a donde está ella». Su mano se movió debajo de mi brazo. Me ayudó a ponerme de pie. «¿Dónde está tu automóvil?»

«¿Un automóvil? ¡Por aquí!» Agarré su mano y empecé a abrirme paso en medio de la muchedumbre. No fue fácil. Con mi mano libre movía a la gente como si estuviera separando tallos de maíz en un maizal. Rostros se nos agolpaban. Madres jóvenes querían una bendición para sus hijos. Viejos rostros con la boca hundida querían que se les librara del dolor.

De repente perdí su mano. Se había soltado. Me detuve, giré y lo vi parado mirando. Su parada abrupta sorprendió a la multitud. La gente se calló. Noté que su rostro estaba pálido. Habló como si estuviera haciéndolo con sí mismo.

«Alguien me tocó».

«¿Qué?» preguntó uno de los suyos.

«Alguien me tocó».

Yo creí que estaba contando un chiste. Él volteó, observando lentamente cada rostro.

Por nada del mundo, no podía distinguir si estaba enojado o contento. Él estaba buscando a alguien que no conocía pero sabía que la iba a reconocer cuando la viera.

«Yo te toqué». La voz salió de alguien que estaba a mi lado. Jesús giró sobre sus talones.

«Fui yo, lo siento». Se abrió la cortina de personas, dejando a una chica como centro de atención. Ella era delgada, casi frágil. Yo podía poner mi mano alrededor de todo su brazo y tocar mi dedo pulgar con mi dedo índice. Su tez era oscura y su cabello tenía cientos de trenzas con bolitas que colgaban de cada extremo. No tenía abrigo. Se abrazaba a sí misma, las manos apretaban sus codos huesudos por el temor así como también por el frío.

«No temas», aseguró Jesús. «¿Qué te pasa?»

«Tengo SIDA».

Alguien detrás de mí soltó un suspiro ahogado. Varias personas dieron un paso atrás.

Jesús caminó hacia ella. «Cuéntame acerca de ello».

Ella lo miró, miró alrededor a la muchedumbre, tragó saliva y empezó: «No tengo dinero, los doctores dicen que solo es cuestión de tiempo. Yo no tenía dónde ir. Pero ahora. . .»

Ella bajó la mirada y comenzó a sonreír. Sonrió como si alguien le hubiera susurrado buenas noticias en su oído.

Yo miré nuevamente a Jesús. ¡Caramba, él estaba sonriendo también! Los dos estaban ahí parados mirándose el uno al otro, sonriendo como si fueran los únicos alumnos en la clase que sabían la respuesta a la pregunta de la maestra. Fue entonces que vi la mirada otra vez. La misma mirada que solo momentos antes se encontró conmigo cuando miré hacia arriba desde el pavimento, se encontró con ella. Esos mismos ojos que sabía que había visto antes, los volví a ver. ¿Dónde? ¿Dónde había visto esos ojos?

Yo volteé y miré a la chica. Por un momento ella me miró a mí. Yo le quería decir algo. Creo que ella sintió el mismo impulso. Éramos muy distintos, pero de pronto teníamos todo en común: ¡Qué pareja tan extraña que éramos! Ella con sus brazos llenos de marcas de agujas de jeringas y sus amantes nocturnos; yo con mis uñas limpias y bosquejos de sermones. Yo había pasado mi vida diciéndole a la gente que no fuera como ella. Ella había pasado su vida evitando a hipócritas como yo. Pero ahora fuimos lanzados juntos hacia el enemigo de la muerte, esperando urgentemente que este predicador campesino pudiera hacer un nudo al final de nuestras desechadas sogas para que pudiésemos sostenernos.

Jesús habló: «Lo hizo tu fe. Ahora anda y disfruta la vida».

Ella resistió todo esfuerzo por esconder su gozo. Sonrió, volvió a mirar a Jesús, saltó y lo besó en la mejilla.

La muchedumbre se rió, Jesús se sonrojó y ella desapareció.

Yo no lo había notado, pero mientras Jesús estaba hablando, otros hombres se añadieron a la multitud. Estaban parados detrás de mí. Cuando los oí hablar, reconocí inmediatamente sus voces. Eran de mi congregación.

Uno puso su mano sobre mi hombro. «Ya no hay necesidad de molestar a este maestro; tu hija ha muerto».

Las palabras me llegaron como dardos, pero Jesús las interceptó: «No temas; solamente confía en mí».

Los siguientes momentos fueron actividades fugaces. Salimos volando de entre la multitud, entramos rápidamente al auto del hombre que trajo las noticias y nos fuimos disparados al hospital.

La sala de espera era caótica. Miembros de la iglesia, vecinos y amigos ya estaban reunidos. Varios estaban llorando abiertamente. Mi esposa, sentada en una de las sillas, estaba pálida y muda. Sus ojos estaban rojos. Su mano temblaba mientras secaba una lágrima.

Mientras entraba, la gente se me acercaba para consolarme. Jesús se interpuso en medio de ellos. Ellos se detuvieron y miraron fijamente a este desconocido.

«¿Por qué están llorando?» preguntó él. «Ella no está muerta; solo está dormida».

Ellos se quedaron pasmados. Se sintieron insultados. «De todas las cosas insensibles que decir», gritó alguien. «Y a todo esto, ¿quién eres tú?»

«¡Saquen a ese payaso de aquí!»

Pero salir era lo último que tenía en mente Jesús. Él volteó y en unos cuantos segundos estuvo delante de la habitación donde estaba mi hija. Él hizo una señal a algunos de nosotros para que lo siguiéramos. Así lo hicimos.

Nosotros seis estuvimos al lado de la cama de mi hija. Su rostro estaba pálido. Sus labios secos y quietos. Yo toqué su mano. Estaba fría. Antes que yo pudiese decir algo, la mano de Jesús estaba sobre la mía. Con excepción de un instante, él nunca le quitó la mirada a mi hija. Pero durante ese instante él me miró. Me miró con esa misma mirada, esa misma sonrisa ligera. Él estaba entregando otro regalo y apenas podía esperar ver la reacción al abrirlo.

«Princesa», las palabras se dijeron suavemente, casi como un suspiro, «¡levántate!»

Su cabeza giró ligeramente como si estuviese escuchando una voz. Jesús retrocedió. El torso de ella se inclinó hacia adelante hasta quedar erguida en la cama. Sus ojos estaban abiertos. Ella volteó, puso sus pies descalzos en el piso y se paró.

Nadie se movió mientras mi esposa y yo veíamos a nuestra hija caminando en dirección nuestra. La abrazamos una eternidad, la mitad del tiempo creyendo que no podía ser cierto y la otra mitad sin querer saber si no lo era. Pero sí lo era.

«Será mejor que le consigan algo de comer», Jesús fastidió con una sonrisa. «Probablemente está hambrienta». Luego volteó para marcharse.

Yo me estiré y toqué su hombro. Mi deseo se veía en mis ojos. «Déjeme devolverle el favor. Le presentaré a la gente apropiada. Le conseguiré acuerdos para que hable en público en los lugares adecuados».

«Que esto quede entre nosotros, ¿está bien?» y él y tres amigos estupefactos salieron de la habitación.

Estuve desconcertado durante semanas después de ese día. Ah, por supuesto, yo estaba desbordante de alegría. Pero mi gozo estaba mezclado con misterio. Dondequiera que iba veía su rostro. Su apariencia me seguía. Aun mientras escribo esto, lo puedo ver.

La cabeza un poquito inclinada. Un tierno brillo de anticipación debajo de las cejas pobladas. Ese rostro que susurraba: «Ven aquí. Tengo un secreto».

Y ahora ya sé dónde lo había visto antes. De hecho lo he vuelto a ver, varias veces.

Lo vi en los ojos del paciente de cáncer que visité ayer. Calva por la quimioterapia. Ojerosa por la enfermedad. Su piel era suave y su mano huesuda. Me reconoció cuando despertó. Ni siquiera me saludó. Solo se arregló las cejas, sacó chispa a esa chispa y dijo: «Estoy lista, Wallace. Estoy lista para irme».

Lo vi la semana pasada cuando hablé en un funeral. El viudo, un hombre canoso de rostro arrugado y lentes bifocales. Él no lloró como los demás. De hecho, creo que en cierto momento lo vi sonreír. Le estreché la mano después.

«No se preocupe por mí», exclamó. Luego me hizo un gesto para que me inclinara y pudiera decirme algo al oído. «Yo sé dónde está ella».

Pero fue esta mañana cuando lo vi con mayor claridad. Quería preguntarle por varios días, pero nunca se daba el momento apropiado. Esta mañana sí se dio. En la mesa a la hora del desayuno, solo nosotros dos, ella con su cereal, yo con mi periódico, me volví hacia mi hija y le pregunté: «¿Princesa?»

«¿Ah, qué?»

«¿Cómo fue?»

«¿Qué?»

«Cuando ya no estabas en este mundo. ¿Cómo fue?»

Ella no dijo nada. Solo volteó la cabeza un poquito y miró por la ventana. Cuando se viró otra vez, la chispa estaba allí. Abrió su boca y luego la cerró, luego la volvió a abrir. «Es un secreto, papi. Un secreto demasiado bueno para expresarlo con palabras».

Paz donde debería haber dolor. Confianza en medio de la crisis.

Esperanza desafiando la desesperación. Eso es lo que dice esa mirada. Es una mirada que conoce la respuesta a la pregunta que hace todo mortal, «¿Tiene la muerte la última palabra?» Puedo ver a Jesús guiñar el ojo mientras da la respuesta. «No en tu vida».[1]

## PARA REFLEXIONAR Y EXAMINAR

1. «Wallace aseguraba a todo el que preguntaba que Dios era un Dios grandioso. Aseguraba a todos menos a sí mismo». ¿Por qué crees que es difícil para las personas «fuertes» mostrar debilidad? ¿De qué manera es esto a veces una desventaja?

2. ¿Alguna vez te parece que Dios no es tan grandioso como tú dices? Explica.

3. ¿Alguna vez has llegado a un punto de desesperación parecido al de Wallace? ¿Qué sucedió?

4. ¿Qué es lo que tienen las pruebas que a menudo traen a la gente a Jesús?

5. ¿Notaste cómo Jesús respondió al pedido de ayuda que le hizo Jairo? Aunque Jesús estaba ocupado, no vaciló. ¿Qué tan receptivo eres a los clamores de ayuda? ¿Te ven tus amigos como una persona bondadosa y compasiva, alguien a quien pueden acudir si están necesitados? ¿A quién te parece que puedes acudir con plena libertad? Pregunta a esas personas si se sienten igual con respecto a ti y por qué.

Capítulo 19

# EL JOVEN DIRIGENTE RICO

Cierto día, alguien le preguntó: —Buen Maestro, ¿qué bien haré para obtener la vida eterna?

—¿Por qué me llamas bueno? —le contestó Jesús—. El único bueno es Dios. Pero déjame contestarte: Si quieres obtener la vida, guarda los mandamientos.

—¿Cuáles?

Jesús le dijo: —«No matarás, no cometerás adulterio, no robarás, no mentirás; honra a tu padre y a tu madre, y ama a tu prójimo con la misma sinceridad con que te amas a ti mismo».

—Yo siempre he obedecido esos mandamientos —respondió el joven—. ¿Qué más tengo que hacer?

—Si quieres ser perfecto —le dijo Jesús—, ve, vende todo lo que tienes y dales el dinero a los pobres. De esta manera tendrás tesoros en el cielo. Y cuando lo hayas hecho, ven y sígueme.

Cuando el joven oyó esto, se fue muy triste porque era extremadamente rico.

—A un rico le es muy difícil entrar al reino de los cielos —comentó luego Jesús con sus discípulos—. Le es más fácil a un camello entrar por el ojo de una aguja que a un rico entrar al reino de Dios.

—¿Y entonces, quién puede salvarse? —preguntaron los discípulos algo turbados.

Jesús los miró fijamente y les dijo: —Humanamente hablando, nadie. Pero para Dios no hay imposibles.

Mateo 19.16–26

# LOS POBRES PUDIENTES

Podríamos empezar con la risa de Sarai. Su cara arrugada cubierta por sus manos huesudas. Sus hombros estremeciéndose. Sus pulmones sibilantes. Sabe que no debe reír; no es permitido reírse de lo que dice Dios. Pero justo cuando logra recuperar el aliento y secarse las lágrimas, recuerda el asunto… y una nueva ola de risa hace que se doble en dos.

Podríamos comenzar donde Pedro se queda mirando asombrado. Es una mirada atónita. Sus ojos tienen el tamaño de pomelos. Ni siquiera presta atención a los pescados apilados hasta sus rodillas y al agua que lame el borde del barco. No escucha que le ordenan que se despierte y ayude. Pedro está aturdido, lo domina un pensamiento, un pensamiento demasiado ridículo para expresarlo en voz alta.

Podríamos comenzar con el descanso de Pablo. Durante tres días ha luchado; ahora descansa. Está sentado en el suelo, en un rincón. Su rostro está desfigurado. Su estómago vacío.

Sus labios están resecos. Bolsas cuelgan debajo de sus ojos cegados. Pero tiene una leve sonrisa en los labios. Un fresco arroyo está fluyendo hacia una laguna estancada, y el agua es dulce.

Pero no empecemos con estos. Comencemos en otra parte.

Veamos primeramente al joven profesional de economía floreciente (yuppie) del Nuevo Testamento que está negociando.

Es rico. Zapatos italianos. Traje a la medida. Su dinero está invertido. Su plástico es dorado. Vive de la misma manera que vuela: primera clase.

Es joven. Aleja la fatiga desarrollando músculos en el gimnasio y hunde al envejecimiento en el cesto de la cancha. Su barriga es plana, sus ojos agudos. La marca que lo caracteriza es la energía, y la muerte está a una eternidad de distancia.

Es poderoso. Si no lo crees así, basta con preguntarle. ¿Tienes preguntas? Él tiene respuestas. ¿Tienes problemas? Él tiene soluciones. ¿Tienes dilemas? Él tiene opiniones. Sabe hacia dónde va y piensa llegar mañana. Es la nueva generación. La antigua que tome el paso o empaquete sus cosas.

Domina las tres «P» del mundo empresarial. Prosperidad. Posteridad. Poder. Él es el joven... dirigente... rico.[1]

Hasta hoy, para él la vida ha sido un paseo agradable por una avenida de neón. Pero ahora tiene una pregunta. ¿Una preocupación fortuita o un temor genuino? No lo sabemos. Lo que *sí* sabemos es que ha venido en busca de consejo.

Para alguien tan acostumbrado a dictar órdenes, debe resultarle incómodo tener que solicitar la ayuda de este hijo de carpintero. Para un hombre de su nivel procurar consejo de un burdo campesino no constituye un procedimiento común. Pero esta pregunta no es común.

—Maestro —le pregunta—, ¿qué tengo que hacer de bueno para obtener la vida eterna?

Su forma de expresar la pregunta deja en claro su creencia errónea. Piensa que puede conseguir vida eterna del mismo modo que obtiene todo lo demás: por su propia fuerza.

—¿Qué debo hacer *yo*?

Jesús: ¿Cuáles son los requisitos? ¿Cuál es el punto clave? Sin vueltas; directo al grano. ¿Cuánto hace falta que invierta para asegurar mi ganancia?

La respuesta de Jesús intenta hacerlo retroceder.

—Si quieres entrar en la vida, obedece los mandamientos.

A ese nivel, un hombre que tuviese al menos media conciencia, habría gesticulado levantando las manos. «¿Guardar los mandamientos? ¡Guardar los mandamientos! ¿Sabe usted cuántos mandamientos hay? ¿Ha leído últimamente la ley? Lo he intentado, de verdad que lo he intentado, pero no puedo».

Eso es lo que debiera decir el dirigente, pero esa confesión es lo que más dista de su mente. En lugar de pedir ayuda, toma un lápiz y un papel y pide la lista.

—¿Cuáles?

Moja el lápiz con la lengua y arquea una ceja.

Jesús lo complace.

—No mates, no cometas adulterio, no robes, no des falso testimonio, honra a tu padre y a tu madre, y ama a tu prójimo como a ti mismo.

«¡Fantástico!» piensa el joven al acabar las anotaciones. «Ahora tengo el examen. Veamos si apruebo.

»¿Asesinato? Por supuesto que no. ¿Adulterio? Bueno, nada que no haría cualquier joven de sangre roja. ¿Robos? Un poco de extorsión, pero todo justificable. ¿Falso testimonio? Mmmmm... sigamos adelante. ¿Honra a tu padre y a tu madre? Por supuesto, los veo en días feriados. ¿Ama a tu prójimo como a ti mismo...?

—Vaya —sonríe—, facilísimo. He cumplido todos estos. A decir verdad, los he cumplido desde niño.

Fanfarronea un poco y se engancha un pulgar en el cinturón.

—¿Queda algún otro mandamiento para mí?

Cómo logra Jesús contener la risa, o el llanto, escapa a mi comprensión. La pregunta que tenía como propósito mostrar al dirigente cuán corto se quedaba sólo logra convencerlo de su estatura elevada. Es un niño que chorrea agua por el piso mientras le dice a su mamá que no ha estado en la lluvia.

Jesús va directo al grano.

—Si quieres ser perfecto, anda, vende lo que tienes y dáselo a los pobres, y tendrás tesoro en el cielo.

La declaración deja al joven consternado y a los discípulos perplejos.

Su pregunta podría ser nuestra:

—Entonces, ¿quién podrá salvarse?

La respuesta de Jesús deja a los oyentes en estado de shock:

—Para los hombres es imposible...

*Imposible.*

No dice improbable. No dice que no sea factible. Ni siquiera dice que será difícil. Dice que es «imposible». No hay oportunidad. No hay manera. No hay excusa. No hay esperanza. Imposible. Es imposible cruzar el Pacífico a nado. Es imposible llegar a la luna montado en la cola de una cometa. No es posible escalar el Monte Everest con una cesta de comida y un bastón. Y a menos que alguien haga algo, no tendrás posibilidad de ir al cielo.

¿Te parece frío eso? Toda tu vida has sido recompensado según tu desempeño. Recibes calificaciones según tu estudio. Recibes elogios según el éxito que tienes. Recibes dinero como respuesta a tu trabajo.

Es por eso que el joven dirigente rico pensó que lo único que lo separaba del cielo era un pago. Tenía sentido. Uno trabaja duro, paga lo que debe y «zas»… es acreditado a su cuenta el pago total. Jesús dice: «De ninguna manera». Lo que quieres cuesta mucho más de lo que puedas pagar. No necesitas un sistema, necesitas un Salvador. No necesitas un *curriculum vitae*, lo que necesitas es un Redentor. Pues «Lo que es imposible para los hombres es posible para Dios» (Lucas 18.27).

No pierdas el enfoque de este versículo: No puedes salvarte a ti mismo. No puedes hacerlo por medio de ritos. No puedes hacerlo por medio de una doctrina correcta. No puedes hacerlo por medio de una devoción adecuada. No puedes hacerlo por medio de la piel de gallina apropiada. El punto que destaca Jesús es claro como el cristal. Es imposible que los seres humanos se salven a sí mismos.

Verás, no era el dinero lo que estorbaba al joven rico; era la autosuficiencia. No eran las posesiones; era la pompa. No eran las grandes cantidades de billetes; era la cabeza inflada. «¡Qué difícil es para los ricos entrar en el reino de Dios!» (Marcos 10.23). No sólo los ricos tienen dificultad. También los educados, los fuertes, los de buen parecer, los populares, los religiosos. También la tienes tú si piensas que tu piedad o poder te hace apto como candidato para el reino.

Y si te cuesta digerir lo que dijo Jesús al joven dirigente, entonces la descripción que hace del día del juicio final se te atorará en la garganta.

Es una imagen profética del día final: «El día del juicio muchos me dirán: "Señor, nosotros predicamos en tu nombre, y en tu nombre echamos fuera demonios y realizamos muchísimos milagros"» (Mateo 7.22).

Sorprendente. Esta gente está delante del trono de Dios jactándose de sí misma. La gran trompeta ha sonado, y siguen tocando las suyas. En lugar de cantar alabanzas a Él, cantan las propias. En lugar de adorar a Dios, leen su curriculum vitae. Cuando debieran estar mudos, hablan. Estando en presencia misma del Rey se jactan de ellos mismos. ¿Qué cosa es peor: su arrogancia o su ceguera?

Uno no impresiona a los oficiales de la NASA con un avión de papel. Uno no se jacta de sus bosquejos a lápiz en la presencia de Picasso. Uno no declara ser igual a Einstein porque puede escribir «$H_2O$».

Y por cierto que uno no se jacta de su bondad en la presencia del Perfecto.

«Pero yo les responderé: "A ustedes nunca los conocí. Apártense de mí, porque sus obras son malignas"» (Mateo 7.23).

Anótalo. Dios no nos salva por lo que hemos hecho. Únicamente un dios endeble podría ser comprado con diezmos. Sólo un dios egoísta quedaría impresionado ante nuestro dolor. Sólo un dios temperamental quedaría satisfecho mediante sacrificios. Sólo un dios desalmado vendería la salvación a los mejores postores.

Y sólo un Dios grande hace por sus hijos lo que ellos no pueden hacer por sí mismos.

Ese es el mensaje de Pablo: «La ley no pudo... Pero Dios envió a su propio Hijo» (Romanos 8.3).

Y ese es el mensaje de la primera bienaventuranza: «¡Dichosos los que reconocen su pobreza espiritual, porque de ellos es el reino de los cielos!»

La joya de gozo es dada a los espíritus empobrecidos, no a los pudientes.[2] El deleite de Dios se recibe al rendirse, no se otorga al conquistar. El primer paso hacia el gozo es un pedido de ayuda, un reconocimiento de desamparo moral, una aceptación de escasez interior. Los que prueban la presencia de Dios han declarado quiebra espiritual y están conscientes de su crisis espiritual. Sus alacenas están peladas. Sus bolsillos están vacíos. Sus alternativas se han ido. Hace mucho que han dejado de exigir justicia; suplican misericordia.[3]

No se jactan; ruegan.

Le piden a Dios que haga por ellos lo que no pueden hacer sin Él. Han visto cuán santo es Dios y cuán pecadores son ellos y han estado de acuerdo con la declaración de Jesús: «La salvación es imposible».

Qué ironía la del deleite de Dios, nacido en la tierra seca del desamparo en lugar de nacer en el suelo fértil de la realización.

Es una senda diferente, una que no estamos acostumbrados a tomar. No declaramos con frecuencia nuestra impotencia. El reconocimiento del fracaso no suele ser la entrada al gozo. No es común que la confesión completa sea seguida de un perdón total. Pero, por otro lado, Dios nunca ha sido gobernado por lo que es común.

## Para reflexionar y examinar

1. ¿Cómo interpretas este capítulo la cuestión de ser «pobre en espíritu»? ¿Cómo se compara esto con cualquier idea previa que hayas tenido con respecto al significado de esta bienaventuranza?

2. Lee Lucas 6.20, 24. La versión de Lucas de esta bienaventuranza omite totalmente la idea de «en espíritu»; declara sencillamente que «los ricos» han recibido su bienestar aquí y que por lo tanto no pueden esperar una recompensa en el cielo.

3. Ahora lee Mateo 19.23–24. Jesús le dice directamente al joven dirigente rico que «A un rico le es muy difícil entrar al reino de los cielos». ¿Piensas que la primera bienaventuranza se refiere especialmente a aquellos que son pobres en cuanto a posesiones materiales? De no ser así, ¿por qué Mateo hace estos comentarios específicos acerca de la riqueza material?

4. ¿Cuáles crees que fueron los motivos detrás de la autojustificación y exceso de logros del joven dirigente rico? ¿Cuál es la diferencia entre intentar lograr la salvación e intentar agradar a Dios? ¿Entre ser pobre en espíritu y ser un pobre mayordomo de los dones que Dios le ha dado?

5. «Los que prueban la presencia de Dios han declarado quiebra espiritual y están conscientes de su crisis espiritual». ¿Alguna vez te has declarado en bancarrota espiritual? Si es así, ¿le has pedido a Dios que haga por ti lo que no puedes hacer sin él? Si no lo has hecho, ¿no sería ahora un buen momento?

*Capítulo 20*

# SARA, PEDRO Y PABLO

*Entonces uno de ellos dijo:* —*El próximo año, por este tiempo, volveré a visitarte. En esa fecha Sara tendrá un hijo.*

*Sara escuchaba detrás de ellos, a la entrada de la carpa. Ahora bien, Abraham y Sara eran muy viejos, y hacía tiempo que Sara no tenía la menstruación. Por eso, Sara no pudo evitar reírse, mientras pensaba: «¿Será posible que vaya a tener semejante placer, siendo que tanto mi marido como yo somos muy viejos?»*

Génesis 18.10–12

*Cuando terminó de hablar, le dijo a Simón:* —*Lleva la barca adonde el agua está más profunda y allí echa tus redes para pescar.*

*Simón le respondió:* —*Maestro, toda la noche hemos trabajado sin descanso y no hemos pescado nada. Pero, puesto que tú me lo mandas, voy a echar las redes.*

*Ellos hicieron lo que él les dijo, y recogieron tantos peces que las redes se les rompían. Entonces hicieron señas a sus compañeros de la otra barca para que fueran a ayudarlos. Ellos fueron, y llenaron tanto las dos barcas que se empezaron a hundir.*

Lucas 5.4–7

*Saulo, respirando amenazas de muerte contra los discípulos del Señor, acudió al jefe de los sacerdotes en Jerusalén para pedirle cartas de autorización para ir a cada una de las sinagogas de Damasco. Quería encontrar y llevar presos a Jerusalén a todos los que siguieran el Nuevo Camino, sin importar si eran hombres o mujeres. Cuando se aproximaba a Damasco, una luz celestial deslumbrante lo rodeó de pronto. Cayó al suelo y escuchó una voz que le decía:* —*Saulo, Saulo, ¿por qué me persigues?*

—*¿Quién eres, Señor?* —*preguntó.*

—*Yo soy Jesús* —*le contestó la voz*—, *a quien tú persigues.*

»*Levántate, entra en la ciudad y espera instrucciones».*

Hechos 9.1–6

# EL REINO DEL ABSURDO

El reino de los cielos. Sus ciudadanos están ebrios de asombro. Considera el caso de Sarai.[1] Está en sus años dorados, y Dios le promete un hijo. Ella se emociona. Visita la tienda de ropa de maternidad y compra algunos vestidos. Planifica el *baby shower* y remodela su tienda... pero el hijo no llega. Se come algunos pasteles de cumpleaños y apaga muchas velas... pero el hijo aún no llega. Acaba una década de calendarios de pared... y el hijo todavía no llega.

Así que Sarai decide tomar el asunto en sus manos. («Quizás Dios necesita que me ocupe de esta cuestión».)

Convence a Abram de que el tiempo se está acabando. («Reconócelo, Ab, tampoco tú te has vuelto más joven».) Le ordena a su sierva, Agar, entrar a la tienda de Abram para ver si necesita algo. («¡Y quiero decir "lo que sea"!») Al entrar Agar es una sierva. Al salir es una mamá. Y se inician los problemas.

Agar la trata con desprecio. Sarai está celosa. Abran está mareado a causa del dilema. Y Dios llama al bebé un «asno montés», un nombre adecuado para uno que ha nacido de la obstinación y cuyo destino es entrar a la historia dando coces.

No es la familia acogedora que había esperado Sarai. Y no es un tema que traten con frecuencia Abram y Sarai mientras cenan.

Al fin, catorce años después, cuando Abram está próximo al siglo de vida y Sarai tiene noventa... cuando Abram ha dejado de prestar atención a los consejos de Sarai, y Sarai ha dejado de darlos... cuando el empapelado del cuarto del bebé ha perdido su color y el mobiliario de bebé ha pasado de moda... cuando el tema del hijo prometido evoca suspiros y lágrimas acompañados de miradas lánguidas dirigidas a un cielo silencioso... Dios los visita y les dice que más vale que escojan un nombre para el hijo que ha de venir.

Abram y Sarai tienen la misma respuesta: risa. Se ríen, en parte, porque es demasiado increíble que suceda, y en parte porque podría llegar a suceder. Se ríen porque han abandonado la esperanza, y la esperanza que renace siempre es graciosa antes de hacerse real.

Se ríen de la locura del asunto.

Abram le echa un vistazo a Sarai... desdentada y roncando en su mecedora, cabeza echada hacia atrás y boca abierta de par en par, tan fructífera como una ciruela pasa descarozada e igual de arrugada. Y estalla de risa. Intenta contenerla, pero no puede. Siempre ha disfrutado de los buenos chistes.

A Sarai la idea le resulta igualmente graciosa. Cuando escucha la noticia, se le escapa una risita antes de poder contenerla. Murmura algo acerca de que a su esposo le hace falta mucho más de lo que tiene y después vuelve a reírse.

Se ríen porque es lo que uno hace cuando alguien dice que puede hacer lo imposible. Se ríen un poco *de* Dios y bastante *con* Dios, porque Dios también se está riendo. Entonces, con la sonrisa aún en su rostro, Dios se dedica a hacer lo que mejor hace: lo increíble.

Cambia algunas cosas, empezando con sus nombres. Abram, el padre de uno, ahora será Abraham, el padre de una multitud. Sarai, la estéril, ahora será Sara, la madre.

Pero sus nombres no son las únicas cosas que cambia Dios. Él cambia sus mentes. Cambia su fe. Cambia el número de integrantes de su familia. Cambia su manera de definir la palabra *imposible*.

Pero sobre todo, cambia la actitud de Sara en lo referente a confiar en Dios. Si ella escuchara la declaración de Jesús acerca de ser pobre en espíritu, podría dar un testimonio: «Él tiene razón. Si hago las cosas a mi manera, consigo un dolor de cabeza. Si permito que Dios se encargue, consigo un hijo. Trate de figurarse eso. Lo único que sé es que soy la primera mujer del pueblo que paga a su pediatra con los cheques de jubilación».

Dos mil años más tarde, he aquí otro testimonio:[2]

«Lo último que quería hacer era pescar. Pero eso era exactamente lo que quería hacer Jesús. Yo había pescado toda la noche. Me dolían los brazos. Me ardían los ojos. Tenía el cuello dolorido. Lo único que deseaba hacer era ir a casa y dejar que mi esposa me masajeara hasta quitarme los nudos de la espalda.

»Fue una noche larga. No sé cuántas veces lanzamos la red a la oscuridad para escucharla golpear el mar. No sé cuántas veces sostuvimos la soga mientras la red se hundía en el agua. Toda la noche habíamos esperado sentir ese golpe, ese tirón que nos indicara que debíamos jalar para meter la pesca a la barca... pero nunca ocurrió. Al amanecer, estaba listo para ir a casa.

»Justo cuando estaba a punto de alejarme de la playa, noté una multitud que se acercaba a mí. Seguían a un hombre larguirucho que se desplazaba con un balanceo amplio y paso largo. Me vio y dijo mi nombre. "¡Buenos días, Jesús!" le respondí. Aunque estaba como a cien metros de distancia, podía ver su blanca sonrisa. "Qué multitud, ¿no?" exclamó, señalando a la masa que estaba detrás de Él. Asentí con la cabeza y me senté a observar.

»Se detuvo cerca de la orilla del agua y comenzó a hablar. Aunque no alcanzaba a escuchar mucho, podía ver bastante. Podía ver que venían cada vez más personas. Con tanta presión y empuje, es un milagro que a Jesús no lo hayan empujado al agua. Ya estaba con el agua hasta las rodillas cuando me miró.

»No lo pensé dos veces. Se metió a mi barca, y Juan y yo lo seguimos. Lo empujamos alejándonos un poco de la orilla. Me apoyé en la proa, y Jesús empezó a enseñar.

»Parecía que la mitad de Israel estaba en la playa. Los hombres dejaron su trabajo, las mujeres dejaron de lado sus tareas domésticas. Incluso reconocí a algunos sacerdotes. ¡Todos escuchaban! Apenas se movían, y sin embargo, sus ojos danzaban como si de algún modo lograran ver lo que podrían llegar a ser.

»Cuando Jesús terminó, se volvió hacia mí. Me puse de pie y empecé a levar el ancla cuando dijo: "Lleva la barca hacia la parte más profunda, Pedro. Pesquemos".

»Me quejé. Miré a Juan. Ambos pensábamos lo mismo. Mientras quisiera usar la barca como plataforma, era aceptable. Pero usarla como barca de pesca, ese territorio era *nuestro*. Estuve a punto de decirle a este carpintero-maestro: "Dedícate a predicar que yo me dedicaré a la pesca". Pero fui más educado: "Trabajamos toda la noche. No pescamos nada".

»Él sólo me miró. Yo vi a Juan. Juan estaba a la espera de mi indicación...

»Quisiera decir que lo hice por amor. Desearía poder decir que lo hice por devoción. Pero no puedo. Lo único que puedo decir es que hay un tiempo para preguntar y un tiempo para escuchar. De modo que tanto con un gruñido como con una oración salimos.

»Con cada golpe del remo, yo murmuraba. Con cada tirón de la paleta, me quejaba. "No hay manera. No hay manera. Imposible. Tal vez no sepa mucho, pero sé de pesca. Y lo único que traeremos de regreso serán unas redes mojadas".

»El ruido de la playa se iba alejando, y pronto lo único que se escuchaba era el golpe de las olas contra el casco. Finalmente bajamos el ancla. Levanté la pesada red, la sostuve a la altura de la cintura y empecé a lanzarla. Fue en ese momento que capté un vistazo de Jesús. Su expresión me detuvo en medio de la acción.

»Estaba inclinándose por la borda, mirando el agua donde estaba a punto de lanzar la red. Y, aunque no lo crea, estaba sonriendo. Una sonrisa como de muchacho empujaba sus mejillas hacia arriba y convertía sus ojos redondos en medias lunas, el tipo de sonrisa que uno ve cuando un niño entrega un obsequio a un amigo y lo observa mientras lo desenvuelve.

»Él notó que yo lo miraba e intentó ocultar la sonrisa, pero persistía. Apretaba las comisuras de sus labios hasta que apareció un destello de dientes. Me había dado un regalo y casi no podía contener su emoción mientras yo lo abría.

»"Qué desilusión va a recibir", pensé mientras lanzaba la red. Voló alto, extendiéndose al fondo del délo azul y flotando hasta caer sobre la superficie para luego hundirse. Di una vuelta a la soga alrededor de mi mano y me acomodé para la larga espera.

»Pero no hubo espera. La soga se tensó de un tirón e intentó tirarme por la borda. Coloqué mis pies contra el costado de la barca y grité pidiendo ayuda. Juan y Jesús saltaron a mi lado.

»Logramos meter la red antes de que comenzara a romperse. Nunca había visto una pesca tal. Fue como dejar caer una bolsa de piedras en la barca. Empezamos a hacer agua. Juan gritó pidiendo ayuda a otra barca.

»Fue una escena bastante impresionante: cuatro pescadores en dos barcas, pescados hasta las rodillas y un carpintero sentado en nuestra proa, disfrutando del pandemonio.

»Fue allí que comprendí quién era Él. Y fue en ese momento que comprendí quién era yo: ¡Yo era quien le dijo a Dios lo que Él no podía hacer!

»"¡Apártate de mí. Señor; soy hombre pecador!" No había otra cosa que pudiese decir.

»No sé lo que vio en mí, pero no se apartó. Quizás pensó que si dejaba que me dijera cómo pescar, le permitiría que me dijese cómo vivir.

»Fue una escena que llegaría a ver muchas veces en los dos años siguientes, en los cementerios con los muertos, en las colinas con los hambrientos, en las tormentas con los atemorizados, a los costados de los caminos con los enfermos. Los personajes irían cambiando, pero el lema no. Cuando nosotros decíamos: "No hay manera". Él decía: "A mi manera". Entonces aquellos que dudaban se atropellaban para lograr la bendición. Y Aquel que la daba saboreaba la sorpresa».

«Mi poder se manifiesta más cuando la gente es débil» (2 Corintios 12.9).

Dios dijo esas palabras. Pablo las escribió. Dios dijo que más buscaba vasijas vacías que músculos fuertes. Pablo lo probó.

Antes de encontrarse con Cristo, Pablo había sido una especie de héroe entre los fariseos. Podría decirse que era una especie de Wyatt Earp.

Mantenía la ley y el orden… o, mejor dicho, reverenciaba la ley y daba las órdenes. Las madres judías lo ponían como ejemplo de buen muchacho judío. Le fue concedido el sitio de honor en el almuerzo del miércoles del Club de Leones de Jerusalén. Sobre su escritorio había un pisapapeles de «Quién es quién en judaísmo» y había sido elegido «La persona con más probabilidad de alcanzar éxito» por sus compañeros graduandos. Rápidamente se estaba estableciendo como el heredero forzoso de su maestro, Gamaliel.

Si hay tal cosa como una fortuna religiosa. Pablo la tenía. Era un billonario espiritual, nacido con un pie en el délo, y él lo sabía:

> Yo mismo tengo motivos para confiar en mis propios esfuerzos. Si alguien cree que tiene motivos para confiar en esfuerzos humanos, yo tengo más: me circuncidaron al octavo día, pertenezco al pueblo de Israel y a la tribu de Benjamín, soy hebreo entre los hebreos; en cuanto al cumplimiento de la ley, fui fariseo; en cuanto al celo por cumplir la ley, fui perseguidor de la iglesia; en cuanto a la justicia que la ley exige, fui intachable. (Filipenses 3.4–6)

De sangre azul y ojos salvajes, este joven celote estaba decidido a mantener la pureza del reino, y eso significaba mantener fuera a los cristianos. Marchaba por las campiñas como un general exigiendo que los judíos apartados saludasen la bandera de la madre patria o besaran a sus familias y despidieran sus esperanzas.

Todo esto se detuvo, sin embargo, en la orilla de una carretera. Armado de citaciones, esposas y una comitiva, Pablo iba rumbo a Damasco en camino a hacer un poco de evangelismo personal. Fue entonces cuando alguien prendió de golpe las luces del estadio, y oyó la voz.

Cuando descubrió de quién era la voz, su mandíbula golpeó contra el suelo, seguida de su cuerpo. Se preparó para lo peor. Sabía que todo había acabado. Sintió la soga al cuello. Olía las flores del carro fúnebre. Rogaba que la muerte fuese rápida e indolora.

Pero lo único que recibió fue silencio y lo primero de una vida de sorpresas.

Acabó desorientado y confuso en un dormitorio prestado. Dios lo dejó allí durante unos días con los ojos cubiertos de escamas tan gruesas que sólo podía mirar a su interior. Y no le agradó lo que vio.

Se vio tal cual era, según sus propias palabras, el peor de los pecadores (1 Timoteo 1.15). Un legalista. Un aguafiestas. Un fanfarrón que declaraba haber dominado el código de Dios. Un justiciero que pesaba la salvación en una balanza de platillos.

Fue entonces que lo encontró Ananías. No tenía mucho que ver, desfigurado y vacilante al cabo de tres días de agitación. El aspecto de Sarai tampoco decía mucho, ni el de Pedro. Pero lo que tienen en común los tres dice más que un volumen de teología sistemática. Pues cuando ellos se rindieron. Dios entró en escena, y el resultado fue un viaje en montaña rusa directamente al reino.

Pablo estaba un paso adelante del joven dirigente rico. Sabía que no debía negociar con Dios. No presentó excusa alguna; sólo suplicó misericordia. A solas, en la habitación, con sus pecados en su conciencia y sangre en sus manos, pidió ser lavado.

Vale la pena leer las instrucciones de Ananías a Pablo: «No hay tiempo que perder. Levántate, bautízate, y lávate de tus pecados invocando su nombre» (Hechos 22.16).

No hizo falta que se lo dijesen dos veces. Saulo el legalista fue enterrado, y nadó Pablo el libertador. Después de eso nunca volvió a ser el mismo. Tampoco el mundo lo fue.

Sermones conmovedores, discípulos consagrados y nueve mil kilómetros de camino. Si sus sandalias no sonaban, su pluma estaba escribiendo. Si no estaba explicando el misterio de la gracia, estaba articulando la teología que llegaría a determinar el curso de la civilización occidental.

Todas sus palabras podrían resumirse en una frase. «Predicamos a Cristo crucificado» (1 Corintios 1.23). No es que no contara con otros bosquejos de sermones; lo que pasa es que no podía agotar el primero.

Lo absurdo de todo el asunto era lo que lo incentivaba a seguir. Jesús debió terminarlo en el camino. Debió dejarlo para los buitres. Debió enviarlo al infierno. Pero no lo hizo. Lo envió a los perdidos.

Pablo mismo lo calificaba de loco. Lo describía con expresiones tales como: «escándalo» y «locura», pero al final escogió llamarlo «misericordia» (1 Corintios 1.23; Efesios 2.8).

Y defendió su lealtad inquebrantable diciendo: «El amor de Cristo nos domina» (2 Corintios 5.14).

Pablo nunca hizo un curso de misiones. Nunca participó de una reunión de comité. Nunca leyó un libro sobre crecimiento de la iglesia. Sólo lo inspiraba el Espíritu Santo y estaba ebrio del amor que convierte en posible lo que es imposible: salvación.

El mensaje es cautivante: Muestra a un hombre sus fracasos sin Jesús, y el resultado puede ser hallado en la alcantarilla a la vera del camino. Dale religión sin recordarle su suciedad, y el resultado será arrogancia vestida en traje de tres piezas. Pero junta a los dos en un mismo corazón —logra que el pecado se encuentre con el Salvador y el Salvador con el pecado— y el resultado bien podría ser otro fariseo convertido en predicador que enciende al mundo.

CUATRO PERSONAS: EL JOVEN DIRIGENTE RICO, Sara, Pedro, Pablo. Un curioso hilo hilvana a los cuatro: sus nombres.

A los tres últimos se los cambiaron: Sarai a Sara, Simón a Pedro, Saulo a Pablo. En cambio el primero, el joven, nunca se menciona por nombre.

Quizás sea esa la explicación más clara de la primera bienaventuranza. El que se hizo famoso por sí mismo figura sin nombre. Pero los que invocaron el nombre de Jesús —y sólo su nombre— recibieron nombres nuevos y, además, vida nueva.

## Para reflexionar y examinar

1. ¿Por qué el ser pobre en espíritu como se describe en estos dos capítulos resulta difícil para la mayoría de nosotros? ¿Por qué nos cuesta tanto reconocer nuestra propia ineptitud y nuestras fallas, incluso ante Dios y ante nosotros mismos?

2. Enumera lo que consideras tus cinco puntos de mayor fortaleza y tus cinco debilidades mayores. ¿El ser pobre en espíritu significa negar tus puntos fuertes o no intentar mejorar tus debilidades? ¿Significa tener baja autoestima? ¿Por qué o por qué no?

3. Lee las siguientes parábolas que describen el «reino de los cielos»: Mateo 13.24–33, 44–50. ¿Cuáles son las revelaciones adicionales que brindan estas parábolas en cuanto a la naturaleza del «reino» en el que vivirán los pobres en espíritu?

4. Lee Mateo 16.13–20, que relata las circunstancias en que fue cambiado el nombre de Pedro y le fueron dadas «las llaves del reino de los cielos». ¿Cuáles elementos de este relato señalan el hecho de que Pedro fuese pobre en espíritu? ¿Qué te cuenta este pasaje en cuanto a la naturaleza del reino?

5. Cuando Sara, Pedro y Pablo dijeron: «De ninguna manera», Dios dijo: «A mi manera». ¿Te ha sucedido esto alguna vez? Si es así, explica.

*Capítulo 21*

# LÁZARO

Un hombre llamado Lázaro, estaba enfermo. Era del pueblo de Betania, como también sus hermanas María y Marta. María fue la que derramó perfume sobre los pies del Señor y luego los secó con sus cabellos. Las dos hermanas le enviaron este mensaje a Jesús: «Señor, tu amigo querido está enfermo»...

Cuando Jesús llegó a Betania, se enteró de que Lázaro ya llevaba cuatro días en el sepulcro. Betania estaba cerca de Jerusalén, a sólo tres kilómetros. Por eso muchos judíos habían ido a casa de Marta y María, para consolarlas por la muerte de su hermano.

Marta le dijo a Jesús: —Señor, si hubieras estado aquí, mi hermano no habría muerto. Pero a pesar de eso, yo sé que Dios te dará todo lo que le pidas.

Jesús le dijo: —Tu hermano volverá a vivir...

Jesús, al ver llorar a María y a los judíos que la acompañaban, se conmovió mucho y se turbó. Él les preguntó: —¿Dónde lo sepultaron?

Ellos le respondieron: —Ven a verlo, Señor.

Jesús lloró...

Jesús, conmovido una vez más, se acercó al sepulcro. Era una cueva que tenía tapada la entrada con una piedra. Jesús ordenó: —Quiten la piedra.

Marta, la hermana del muerto, respondió: —Señor, ya debe oler mal, pues hace cuatro días que murió.

Jesús le respondió: —¿No te dije que si crees verás la gloria de Dios?

Entonces quitaron la piedra. Jesús miró al cielo y dijo: —Padre, te doy gracias porque me has escuchado. Yo sé que siempre me escuchas, pero lo dije para que la gente que está aquí crea que tú me enviaste.

Después de decir esto, gritó con todas sus fuerzas: —¡Lázaro, sal de ahí!

Y el que había estado muerto salió, con las manos y los pies vendados, y el rostro cubierto con un lienzo.

Jesús les dijo: —Quítenle las vendas y déjenlo ir.

Juan 11.1–3, 17–19, 21–23, 33–35, 38–44

# EL ÚLTIMO TESTIGO

Juan no nos cuenta todo lo que Jesús hizo. Pero nos cuenta aquello que nos guiará a la fe. Juan selecciona siete milagros. Sin apuros, empieza con el sobrio milagro de convertir el agua en vino y luego va *in crescendo* hasta la resurrección de Lázaro ante los ojos de la gente. Se relatan siete milagros y se examinan siete testigos, cada uno construye su testimonio sobre el anterior.

Vamos a ver si podemos sentir todo su impacto.

Vamos a suponer que estamos en una sala de corte, una sala casi vacía. Hay cuatro personas presentes: un juez, un abogado, un huérfano y uno que quiere ser su representante. El juez es Dios, Jesús es el que quiere ser representante y el huérfano eres tú. No tienes nombre, ni herencia, ni hogar. El abogado propone que te pongan bajo el cuidado de Jesús.

¿Quién es el abogado? Un pescador galileo de nombre Juan.

Se ha presentado en la corte con seis testigos. Es el momento de presentar al séptimo. Pero antes de llamarlo al estrado, el abogado repasa el caso.

—Comenzamos este caso con la boda de Caná.

Habla con calma, midiendo cada palabra.

—No tenían vino. Absolutamente nada. Pero cuando Jesús habló, el agua se convirtió en vino. Un vino del mejor. Delicioso. Ya oyeron las palabras de los que atendían en la boda. Vieron lo ocurrido.

Guarda silencio y luego prosigue: —Después oímos las palabras del oficial extranjero. Su hijo estaba en el umbral de la muerte.

Sí lo recuerda. Recuerda el testimonio del hombre. Con toda claridad dijo cómo había recurrido a los doctores y había intentado todos los tratamientos sin que nada hubiera ayudado a su hijo. Pero cuando estaba a punto de perder las esperanzas, alguien le habló de un sanador en Galilea.

Con su acento endurecido, el dignatario explicó: —No tuve otra alternativa. En medio de mi desesperación, acudí a Él. ¡Vea! Vea lo que el Maestro hizo por mi hijo.

El niño estaba de pie y te asombras. Era difícil imaginarse que ese niño tan saludable haya estado tan cerca de la muerte. Escuchas absorto mientras Juan continúa: —Y, su señoría, no olvide al paralítico cerca del estanque de agua. Hacía treinta y ocho años que no caminaba. Pero luego Jesús llegó y, bueno, la corte lo vio. ¿Recuerda? Lo vimos entrar caminando en esta sala. Oímos su historia.

»Y, por si eso fuera poco, también oímos el testimonio del niño con el almuerzo. Era parte de una multitud de miles que siguieron a Jesús para oírle y verlo hacer sanidades. En el momento preciso, cuando el niño se aprestaba a abrir el canasto donde tenía su almuerzo para servírselo, le dijeron que se lo llevara a Jesús. Por un minuto fue un almuerzo, al siguiente fue un festín.

Juan calla de nuevo, deja que el silencio hable en la sala de la corte. Nadie puede negar estos testimonios. El juez escucha. El abogado escucha. Y tú, el huérfano, no dices nada.

—Luego vino la tempestad. Pedro nos la describió. La barca era un juguete de las olas. Truenos. Relámpagos. Tormentas capaces de matar. Sé lo que es eso. ¡Me ganaba la vida en una barca! El testimonio de Pedro sobre lo ocurrido fue verdad. Yo estaba allí. El Maestro caminó sobre el agua. Y en el mismo momento en que subió a la barca, nos sentimos a salvo.

Juan se detiene. Los rayos del sol que se filtran en la sala forman un cuadro de luz en el piso. Juan se para dentro del mismo. —Entonces ayer, encontraron a un hombre que nunca había podido ver. Su mundo era la oscuridad. Negro. Era ciego. Ciego de nacimiento.

Juan guarda silencio y con todo dramatismo repite lo que el hombre había dicho: —Jesús sanó mis ojos.

Se han dado seis testimonios. Se han certificado seis milagros. Juan gesticula hacia la mesa donde yacen los artículos de evidencia. La vasija que contiene el vino. La declaración firmada del doctor que trató al niño enfermo. El lecho del paralítico, el canasto del niño. Pedro trajo un remo roto para demostrar la fuerza de la tempestad. Y el ciego dejó la vasija y el bastón. Ya no necesita seguir pidiendo limosna.

—Y ahora —dice Juan, volviéndose al juez—, tenemos un último testigo para llamar y una evidencia más que presentar.

Se dirige a la mesa y vuelve con un pedazo de tela blanca. Te inclinas hacia adelante, inseguro de lo que está sosteniendo.

—Este es un sudario mortuorio —explica. Coloca la tela sobre la mesa y ruega—: Si su señoría me lo permite, llamo a nuestro último testigo, Lázaro de Betania.

Las pesadas puertas de la sala de la corte se abren y entra un hombre alto. A grandes zancadas cruza el pasillo y se detiene ante Jesús lo suficiente como para ponerle una mano sobre el hombro y decirle: —Gracias.

Tú puedes oír la ternura en su voz. Lázaro entonces se vuelve y toma asiento en el estrado.

—Diga su nombre a la corte.

—Lázaro.

—¿Ha oído de un hombre llamado Jesús de Nazaret?

—¿Quién no?

—¿Cómo lo conoce?

—Es mi amigo. Nosotros, mis hermanas y yo, tenemos una casa en Betania. A menudo, cuando Él viene a Jerusalén, se hospeda con nosotros. Mis hermanas, María y Marta, también han llegado a ser creyentes en Él.

—¿Creyentes?

—Creyentes de que Él es el Mesías. El Hijo de Dios.

—¿Por qué lo creen?

Lázaro sonríe.

—¿Cómo no habría de creer? Yo había muerto. Y hacía cuatro días que estaba muerto. Estaba en la tumba. Oraron por mí y me sepultaron. Estaba muerto. Pero Jesús me mandó salir de la sepultura.

—Cuéntenos lo que ocurrió.

—Bueno, yo era muy enfermizo. Por eso es que vivía con mis hermanas. Ellas me cuidan. Mi corazón nunca ha sido muy fuerte, por eso he tenido que cuidarme mucho. Marta, mi hermana mayor, ella es, bueno, es como una madre para mí. Fue Marta quien llamó a Jesús cuando mi corazón falló.

—¿Fue entonces que murió?

—No, pero casi. Duré algunos días. Pero sabía que estaba en el umbral. Los doctores venían, movían la cabeza y se iban. En realidad, tenía un pie en la tumba.

—¿Fue en ese momento que llegó Jesús?

—No, teníamos la esperanza de que llegaría. Por las noches, Marta se sentaba en la cama y me susurraba una y otra vez: «Sé fuerte, Lázaro. Jesús llegará en cualquier momento». Lo único que sabíamos era que vendría. Quiero decir, había sanado a todos esos extraños, de modo que sin duda me sanaría a mí. Yo era su amigo.

—¿Qué lo demoró?

—Por mucho tiempo no lo supimos. Pensé que quizás estaría preso o algo así. Esperé y esperé. Pero cada día me ponía peor. Perdí la vista y ya no pude ver. Entraba y salía del estado de consciencia. Cada vez que alguien entraba en el cuarto, pensaba que era Él. Pero no era. Nunca llegó.

—¿Estaba enojado?

—Más confundido que enojado. No lo entendía.

—¿Y después qué sucedió?

—Bueno, una noche desperté. Tenía el pecho tan apretado que casi no podía respirar. Tengo que haberme incorporado porque Marta y María vinieron a verme. Tomaron mi mano. Oí cómo pronunciaban mi nombre, pero en ese momento empecé a caer. Era como un sueño, iba cayendo, dando amplios giros en el aire. Sus voces las oía más y más débiles hasta que de pronto, nada. Dejé de dar vueltas y de caer. Y el dolor desapareció. Estaba en paz.

—¿En paz?

—Era como dormir. Descansar. Tranquilidad. Había muerto.

—¿Qué sucedió entonces?

—Bueno, Marta puede contarle los detalles. Se planeó el funeral. Se reunió la familia. Los amigos viajaron desde Jerusalén. Me sepultaron.

—¿Asistió Jesús al funeral?

—No.

—¿Aún no había llegado?

—No, cuando supe que me habían sepultado, esperó otros cuatro días.

—¿Por qué?

Lázaro se detuvo y miró a Jesús.

—Porque quería hacer resaltar su propósito.

Juan sonrió, dando a entender que sabía a qué se refería Lázaro.

—¿Qué pasó a continuación?

—Oí su voz.

—¿Qué voz?

—La voz de Jesús.

—Pero tenía entendido que usted estaba muerto.

—Lo estaba.

—Sí, pero pensé que estaba dentro de la tumba.

—Lo estaba.

—¿Cómo puede un hombre muerto y sepultado oír la voz de alguien?

—No puede. Los muertos sólo oyen la voz de Dios. Yo oí la voz de Dios.

—¿Qué le dijo?

—Él no lo dijo. Lo gritó.

—¿Qué gritó?

—¡Lázaro, sal de ahí!

—¿Y lo oyó?

—Como si hubiera estado en la tumba conmigo. Mis ojos se abrieron; mis dedos se movieron. Volví mi cabeza. Estaba vivo de nuevo. Oí cómo rodaban la puerta de la entrada de la tumba. La luz me alcanzó. Mis ojos necesitaron un minuto para acostumbrarse a la claridad.

—¿Y qué vio?

—Un círculo de rostros mirándome.

—¿Qué hizo después?

—Me puse de pie. Jesús me dio la mano y me sacó de la tumba. Le dijo a la gente que me proporcionaran ropa y así lo hicieron.

—¿Así es que usted murió, estuvo en la tumba cuatro días y entonces Jesús lo llamó para que volviera a la vida? ¿Hubo algún testigo de esto?

Lázaro rió.

—Sólo unos cien o algo así.

—Eso es todo, Lázaro. Puede retirarse.

Juan se volvió al juez.

—Usted ha escuchado los testimonios. Dejo ahora la decisión en sus manos.

Después de decir eso, volvió a la mesa y tomó asiento. El representante permanece de pie. No se identifica. No necesita hacerlo. Todos lo conocen. Es Jesucristo.

La voz de Jesús inunda la sala:

—Yo represento a un huérfano, que es la suma de todo lo que han visto. Como la fiesta donde no había vino, este no tiene motivos para celebrar. Como el hijo del dignatario, este hijo está enfermo espiritualmente. Como el paralítico y el mendigo, no puede caminar y es ciego. Está hambriento, pero la tierra no tiene comida que le satisfaga. Enfrenta tempestades tan grandes como aquella en Galilea, pero la tierra no tiene brújula que lo guíe. Y lo más importante de todo, está muerto. Igual que Lázaro. Muerto. Muerto espiritualmente.

»Voy a hacer por él lo mismo que hice por ellos. Le daré gozo, fuerzas, sanidad, vista, seguridad, alimentación, nueva vida. Todo es suyo. Si me lo permite.

El juez da su respuesta:

—Tú eres mi Hijo, a quien he elegido (Lucas 3.22).

Dios te mira.

—Se lo permito —dice—, con una condición. Que el huérfano lo pida.

Juan ha presentado a los testigos.

Los testigos han contado su historia.

El Maestro ha ofrecido hacer por ti lo mismo que hizo por los demás. Él traerá vino a tu mesa, vista a tus ojos, fuerzas a tus pasos y, lo más importante, poder sobre la tumba. Él hará por ti lo que hizo por ellos.

El Juez ha dado su bendición. Lo demás depende de ti. La elección es tuya.

## PARA REFLEXIONAR Y EXAMINAR

1. «"Los muertos sólo oyen la voz de Dios", dijo Lázaro. "Yo oí la voz de Dios"». ¿Cómo puede un hombre muerto oír a alguien? ¿Cómo supo Lázaro que la voz que oyó era la de Dios? ¿En qué forma los «hombres muertos» aún oyen hoy en día la voz de Dios?

2. Jesús dijo: «Le daré gozo, fuerzas, sanidad, vista, seguridad, alimentación, nueva vida». ¿Nos da todavía estos regalos Jesús hoy día? Si es así, ¿cómo?

3. ¿Cuál de estos dones señalados es más importante para ti? Explica por qué.

4. Lee Juan 20.19–31. ¿Cuál fue el propósito de escribir los milagros de Jesús? ¿Han tenido el mismo objetivo en ti? Sí o no, ¿por qué?

5. Lee Efesios 2.1–5. Según los versículos 1–3, ¿cómo describiríamos nuestros días antes de ser cristianos? ¿Cómo cambió nuestro estado según describen los versículos 4–5? ¿Qué motivó este cambio?

# Capítulo 22

# PEDRO

*Cuando pasó el sábado, María Magdalena, María la madre de Jacobo, y Salomé compraron especias perfumadas para ir a ungir el cuerpo de Jesús. El primer día de la semana, muy temprano, apenas había salido el sol, fueron al sepulcro. Iban preguntándose unas a otras: «¿Quién nos quitará la piedra de la entrada del sepulcro?», pues la piedra era muy grande. Pero cuando llegaron, se dieron cuenta de que la piedra había sido removida.*

*Al entrar en el sepulcro vieron a un joven vestido con un manto blanco, sentado al lado derecho; y las mujeres se asustaron.*

*Él les dijo: —No se asusten. Ustedes buscan a Jesús el nazareno, el que fue crucificado. Ha resucitado, no está aquí. Miren el lugar donde lo pusieron. Vayan a decirles a los discípulos y a Pedro: "Él va delante de ustedes a Galilea. Allí lo verán, tal como les dijo".*

Marcos 16.1–7

# EL EVANGELIO DE LA SEGUNDA OPORTUNIDAD

Fue como descubrir el regalo sorpresa en una caja de dulces o encontrar una perlita en una caja de botones o hallar un billete de diez dólares en un cajón lleno de sobres.

Era lo suficientemente pequeño como para pasarlo por alto. Solo dos palabras. Sé que he leído ese pasaje cien veces. Pero nunca lo había visto. Tal vez lo pasé sin darme cuenta por la emoción de la resurrección. O, puesto que el relato de Marcos de la resurrección es el más corto de los cuatro, quizás no le puse mucha atención. O, tal vez ya que está en el último capítulo del evangelio, mis ojos cansados siempre lo habían leído demasiado rápido para notar esta pequeña frase.

Pero no volveré a pasarlo por alto. Lo resalté con amarillo y lo subrayé con rojo. Tal vez quieras hacer lo mismo. Fíjate en Marcos, capítulo 16. Lee los primeros cinco versículos acerca de la sorpresa de las mujeres cuando encontraron que la piedra estaba removida a un lado. Luego deléitate con esa hermosa frase que dijo el ángel: «Ha resucitado, no está aquí», pero no hagas una pausa muy larga. Avanza un poquito más. Prepara tu lápiz y disfruta la joya del versículo siete (aquí viene). El versículo dice así: «Vayan a decirles a los discípulos y a Pedro: "Él va delante de ustedes a Galilea"».

¿Lo viste? Léelo otra vez. (Esta vez yo puse las palabras en cursiva.)

«Vayan a decirles a los discípulos *y a Pedro*: "Él va delante de ustedes a Galilea"». Ahora dime si eso no es un tesoro escondido.

Si me permites parafrasear las palabras: «No se queden aquí, vayan a decirles a los discípulos», una pausa, luego una sonrisa, «y especialmente díganle a Pedro, que él va delante de ustedes a Galilea».

¡Qué declaración! Es como si todo el cielo hubiera visto caer a Pedro, y es como si todo el cielo quisiera ayudarlo a levantarse otra vez. «Asegúrense de decirle a Pedro que no ha sido abandonado. Díganle que una falla no constituye un fracaso».

¡Menos mal!

No es de sorprenderse que lo llamen el evangelio de la segunda oportunidad.

No hay muchas segundas oportunidades en el mundo hoy en día. Solo pregúntale al niño que no ingresó al equipo de las ligas menores o al individuo que fue despedido. O la madre de tres hijos que la dejó su esposo por una «cosita rica».

No hay muchas segundas oportunidades. Hoy en día es más bien: «Es ahora o nunca». «Nosotros no toleramos la incompetencia por aquí». «Tengo que ponerme fuerte para que me vaya bien». «No hay mucho espacio en la cúspide». «Tres faltas y te boto». «¡Es una competencia brutal de perros!»

Jesús tiene una respuesta simple a nuestra manía masoquista. «¿Es una competencia brutal de perros?» diría él. «Entonces no vivas con los perros». Eso tiene sentido, ¿no es verdad? ¿Por qué dejar que un poco de fallas te digan que eres un gran fracaso?

Claro que puedes tener una segunda oportunidad.

Tan solo pregúntale a Pedro. En un momento se sintió más bajo que la barriga de una culebra y al siguiente era el campeón de la ciudad. Aun los ángeles querían que este angustiado pescador supiese que no todo estaba perdido. El mensaje llegó con perfecta claridad desde el trono celestial mediante el mensajero divino.

«Asegúrense de decirle a Pedro que puede batear otra vez».

Aquellos que conocen este tipo de cosas dicen que el Evangelio de Marcos es en realidad las notas transcritas y los pensamientos dictados de Pedro. Si esto es cierto, ¡entonces fue Pedro mismo quien incluyó estas dos palabras! Y si estas son realmente sus palabras, no puedo evitar imaginarme que ese viejo pescador tuvo que secarse una lágrima y tragar saliva cuando llegó a estas alturas de la historia.

No todos los días uno obtiene una segunda oportunidad. Pedro debió haberlo sabido. La siguiente vez que vio a Jesús, se emocionó tanto que apenas se puso su pantalón antes de saltar a las frías aguas del mar de Galilea. También fue suficiente, como dicen, para causar que este galileo pueblerino propagara el evangelio de la segunda oprtunidad hasta Roma, lugar donde lo mataron. Si alguna vez te preguntaste qué causaría que un hombre estuviese dispuesto a ser crucificado cabeza abajo, quizá ahora ya lo sabes.

No todos los días uno encuentra a alguien que te va a dar una segunda oportunidad, mucho menos a alguien que te va a dar una segunda oportunidad cada día.

Pero Pedro encontró ambas cosas en Jesús.

## PARA REFLEXIONAR Y EXAMINAR

1.  ¿Qué es lo que se quiere decir con el «evangelio de la segunda oportunidad»? ¿Qué otros nombres se le podría dar?

2.  De todos los seguidores que abandonaron a Jesús, tal vez la historia de Pedro es la más impactante. Lee el relato en el que niega a Jesús, el cual está en Marcos 14.27–31, 66–72 y luego la respuesta del ángel después de la resurrección de Jesús en Marcos 16.1–7. También lee Lucas 24.33–34 y Juan 21.15–19. ¿Qué mensaje se está transmitiendo cuando se señala específicamente a Pedro? ¿Cuál parece ser la actitud de Jesús hacia Pedro: frustración, decepción, preocupación, amor?

3.  ¿Cuál crees que es la actitud de Jesús con respecto a dar una segunda, tercera o cuarta oportunidad? ¿Haría algo menos por ti que por Pedro?

4.  ¿Puedes recordar un momento en el que recibiste una segunda oportunidad? ¿Cómo te afectó? ¿Qué tan dispuesto estás de ofrecer a otros una segunda oportunidad?

5.  Como recordatorio de que él es el Dios de las segundas oportunidades, escribe Lamentaciones 3.19–26 y ponlo donde puedas leerlo cada mañana.

# Conclusión

# GENTE COMÚN

No fueron exactamente lo que se llamaría una lista de «Quién es quién en pureza y santidad», ¿verdad? De hecho, algunas de sus travesuras y actitudes te harían pensar en aquellos que pasan un sábado por la noche en la cárcel. Los pocos halos que hay entre este elenco de personajes probablemente necesitan enderezarse y lustrarse un poquito. Sin embargo, aunque parezca extraño, es este aspecto muy humano lo que los hace reconfortantes. Tan reconfortantes que si alguna vez necesitas un recordatorio de la tolerancia y el amor de Dios, lo encontrarás en estas personas. Si alguna vez te preguntas cómo rayos podría Dios usarte para cambiar al mundo, fíjate en estas personas.

Esta sarta de mequetrefes, personas que una vez fueron importantes, seguidores fracasados y líderes desesperados de la iglesia que encontraron esperanza, no en su conducta, sino en los proverbiales brazos abiertos de Dios.

Recuerda a Abraham, el padre de una nación que no carecía de debilidades. ¡Tenía una lengua mentirosa que no se podía detener! Una vez, para salvar su pellejo, dejó que corriera la noticia de que Sara no era su esposa sino su hermana, lo cual solo era medio cierto (Génesis 12.10–20).

Y no mucho tiempo después, ¡lo volvió a hacer! «Allí decía que Sara era su hermana» (Génesis 20.2).

Dos veces cambió su integridad por la seguridad. ¿Se llama eso confianza en las promesas de Dios? ¿Puedes formar una nación en base a esa clase de fe? Dios puede. Dios tomó lo que era bueno, perdonó lo que era malo y usó al «viejo de doble lengua» para iniciar una nación.

No dejemos de mencionar a Jonás. El embajador de Dios en Nínive. Jonás, sin embargo, tenía otras ideas. Él no tenía deseos de ir a esa ciudad pagana. Así que subió a otra barca mientras Dios no estaba mirando (o al menos eso era lo que Jonás creía). Dios lo metió en la barriga de una ballena para hacerlo recapacitar. Pero aun la ballena no pudo aguantar a este misionero por mucho tiempo. Un buen eructo y Jonás salió volando encima de las olas y aterrizó en la playa asustado y arrepentido. (Lo cual demuestra que no se puede mantener derribado a un buen hombre.)

Y así continúan las historias una tras otra: Elías, el profeta que se enfadó; Salomón, el rey que sabía demasiado; Jacob, el trapichero; Gómer, la prostituta. Una historia tras otra en las que Dios usa lo mejor del hombre y vence lo peor de él.

La lección reconfortante es clara. Dios usó (¡y usa!) a gente para cambiar al mundo. *¡Gente!* No santos o superhumanos o genios, sino gente.

Ladrones, aduladores, amantes y mentirosos —él usa a todos. Y lo que les falte en perfección, Dios compensa con amor.

Jesús posteriormente resume el perseverante amor de Dios con una parábola. Él contó acerca de un adolescente que decidió que la vida en la finca era demasiado lenta para su gusto. Así que con los bolsillos llenos del dinero de su herencia, se propuso encontrar la gran vida. Lo que encontró en cambio fueron resacas, amigos solo en las buenas y largas colas de desempleo. Cuando ya no pudo soportar la vida de cerdo que tenía, se tragó el orgullo, se metió las manos en sus bolsillos vacíos y empezó su largo camino a casa; mientras tanto ensayaba un discurso que había planeado darle a su padre.

Nunca lo hizo. Justo cuando llegó a la cima de la colina, su padre, quien había estado esperando en la puerta, lo vio. Las palabras de disculpas del muchacho fueron rápidamente silenciadas por las palabras de perdón del padre. Y el cuerpo agotado del joven cayó en los brazos abiertos de su padre.

Los mismos brazos abiertos que lo acogieron, acogieron a Abraham, Moisés, David y Jonás. No había dedos acusadores. No había puños cerrados. No hubo un «¡Te lo dije!» o «¿Dónde has estado?». No había brazos cruzados. No había ojos morados o labios hinchados. No. Solo brazos dulces y abiertos. Si alguna vez te preguntas cómo Dios puede usarte para marcar la diferencia en tu mundo, solo mira a aquellos que ya ha usado y confía. Mira el perdón que se encuentra en esos brazos abiertos y anímate.

Y, a propósito, jamás esos brazos estuvieron tan abiertos como en la cruz romana. Un brazo extendiéndose hacia el pasado y el otro extendiéndose hacia el futuro. Un abrazo de perdón que se ofrece a cualquiera que lo desee. Una gallina juntando a sus polluelos. Un padre recibiendo a su hijo. Un redentor redimiendo al mundo. Él garantiza: «Aquí estoy, con los hijos que Dios me ha dado» (Hebreos 2.13).

## PARA REFLEXIONAR Y EXAMINAR

1. ¿A quién pondrías en la lista de «Quién es Quién» de los cinco hombres y mujeres más destacados de la Biblia aparte de Jesús? ¿Qué cualidades poseía cada uno? ¿Qué defectos poseía cada uno? ¿Cómo se usó a cada persona para cambiar al mundo?

2. ¿Cómo usa Dios nuestras debilidades para sus propósitos, según 2 Corintios 4.7–18 y 2 Corintios 12.7–10?

3. Si Satanás tratase de convencerte que no tienes valor especial para el Señor, ¿cómo podría hacerlo? ¿Cómo le contestarías?

4. Tú eres un participante importante en el «elenco de personajes» de Dios. Basado en lo que has aprendido a través de esta gente común en las manos de un Dios nada común, ¿cómo podrías describir tu papel en el drama de Dios hasta ahora?

5. Al mirar la lista de tus cinco puntos de mayor fortaleza (del capítulo 20), ¿qué crees que Dios quizás te está llamando a hacer en el siguiente capítulo de tu vida? Escríbelo y ora para que Dios te guíe y te sostenga mientras te esfuerzas en usar tus fortalezas y debilidades para cambiar tu mundo.

# Notas

Capítulo 2: Mateo: Amigo de fracasados
1.   Gracias a Landon Saunders por contarme esta historia.

Capítulo 4: Mefiboset: El privilegio de los indigentes
1.   Dr. Paul Faulkner, *Achieving Success without Failing Your Family* (W. Monroe, LA: Howard Publishing, 1994), pp. 14–15.
2.   *1041 Sermons Illustrations, Ideas and Expositions*, compilado y editado por A. Gordon Nasby (Grand Rapids: Baker, 1953), p. 244.
3.   Charles Swindoll, *The Grace Awakening* (Waco, TX: Word, 1990, 2003), p. 70 [*El despertar de la gracia*, (Nashville: Grupo Nelson®, 1992)].

Capítulo 7: Abigaíl: Comportamiento brutal
1.   Ernest Gordon, *To End All Wars: A True Story About the Will to Survive and the Courage to Forgive* (Grand Rapids: Zondervan, 2002), pp. 105–6, 101.
2.   Hans Wilhelm Hertzberg, *I and II Samuel*, trad. al inglés por J. S. Bowden (Philadelphia: Westminster John Knox Press, 1964), pp. 199–200.
3.   Gordon, *To End All Wars*, p. 101–2.

Capítulo 9: Juan: Yo puedo transformar tu tragedia en victoria
1.   Arthur W. Pink, *Exposición del Evangelio Según San Juan* (Grand Rapids: Zondervan, 1975), p. 1077.
2.   William Barclay, *The Gospel of John*, vol. 2, ed. rev. (Philadephia: Westminster Press, 1975), p. 276.

Capítulo 10: Pablo: Héroes ocultos
1.   Ver Mateo 11.2.
2.   *1041 Sermon Illustrations, Ideas and Expositions*, pp. 180–181.

*Capítulo 11:* Dos criminales: Te dejaré que escojas
1. Paul Aurandt, *Paul Harvey's the Rest of the Story* (Nueva York: Bantam Press, 1977), p. 47.

*Capítulo 14:* David: Enfrenta a tus gigantes
1. Paráfrasis del autor.
2. Ver Éxodo 9.22–23; Josué 6.15–20; 1 Samuel 7.10.
3. Paráfrasis del autor.
4. Énfasis del autor en todos estos versículos.

*Capítulo 17:* Nicodemo: La conversación más famosa de la Biblia
1. Una columnata en el costado oriental del templo, llamada así por una tradición según la cual se trataba de una reliquia del templo de Salomón que quedó en pie tras la destrucción de Jerusalén por los babilonios. (Ver *Bible Encyclopedia*, «Solomon's Porch», http://www.christiananswers.net/dictionary/porchsolomons.html.)
2. Los ejemplares más antiguos de los libros del Nuevo Testamento fueron escritos en griego, por eso los estudios de palabras griegas arrojan luz sobre el significado de los pasajes del Nuevo Testamento.
3. *The New Testament Greek Lexicon*, «pa/lin», http://www.searchgodsword.org/lex/grk/browse.cgi?letter=p&sn=21&pn=2.
4. Ibid., «anothen», http://www.searchgodsword.org/lex/grk/view.cgi?number=509&1=en.
5. Stanley Barnes, comp., *Sermons on John 3:16* (Greenville, SC: Ambassador Productions, 1999), p. 90.
6. James Montgomery Boice, *The Gospel of John: An Expositional Commentary* (Grand Rapids: Zondervan, 1985), p. 195.
7. Barnes, *Sermons on John 3:16*, p. 25.

*Capítulo 18:* Jairo: La chispa de la eternidad
1. Basado en Marcos 5.22–43; Mateo 9.18–26; y Lucas 8.41–56.

*Capítulo 19:* EL JOVEN DIRIGENTE RICO: LOS POBRES PUDIENTES

1.  Su historia se relata en Mateo 19, Marcos 10 y Lucas 18.
2.  Frederick Dale Bruner aclara esto al interpretar a Mateo 5.3: «Dichosos los que sienten su pobreza... y claman por eso al cielo». *The Christbook: Matthew* 1–12 (Waco, TX: Word, 1987), p. 135.
3.  La palabra utilizada por Jesús al decir «pobres» es un vocablo que, al usarse en su sentido básico, «no significa el que es tan pobre que debe trabajar diariamente para vivir, sino el mendigo, aquel que depende de otros para su sostenimiento». William Hendricksen, *Exposition of the Gospel of Matthew* (Grand Rapids: Baker, 1973), p. 269.

*Capítulo 20:* SARA, PEDRO Y PABLO: EL REINO DEL ABSURDO

1.  Ver Génesis 16–18, 21.
2.  Ver Lucas 5.

# FUENTES

Los capítulos en este libro han sido adaptados de las siguientes fuentes por Max Lucado:

José, La oración de José: *Todavía remueve piedras* (Nashville: Grupo Nelson®, 1994).

Mateo, Amigo de fracasados: *Mi Salvador y vecino* (Nashville: Grupo Nelson®, 2003).

La mujer que lavó los pies de Jesús, El principio 7.47: *Un amor que puedes compartir* (Nashville: Grupo Nelson®, 2002).

Mefiboset, El privilegio de los indigentes: *En manos de la gracia* (Nashville: Grupo Nelson®, 1997)

La mujer samaritana, Dos lápidas: *Seis horas de un viernes* (Grand Rapids: Vida, 1999).

María, Marta y Lázaro, Tu lugar en la banda de Dios: *El trueno apacible* (Nashville: Grupo Nelson®, 1996).

Abigaíl, Comportamiento brutal: *Enfrente a sus gigantes* (Nashville: Grupo Nelson®, 2006).

El paralítico, Luces brillantes en las noches oscuras: *Todavía remueve piedras* (Nashville: Grupo Nelson®, 1994).

Juan, Yo puedo transformar tu tragedia en victoria: *Él escogió los clavos* (Nashville: Grupo Nelson®, 2001).

Pablo, Héroes ocultos: *Cuando Dios susurra tu nombre* (Nashville: Grupo Nelson®, 1995).

Dos criminales, Te dejaré que escojas: *Él escogió los clavos* (Nashville: Grupo Nelson®, 2001).

Moisés, La voz proveniente del balde de limpiar: *Cuando Dios susurra tu nombre* (Nashville: Grupo Nelson®, 1995).

José, Cuando te irriten los grillos: *Cuando Dios susurra tu nombre* (Nashville: Grupo Nelson®, 1995).

David, Enfrenta a tus gigantes: *Enfrente a sus gigantes* (Nashville: Grupo Nelson®, 2006).

Ester, En contacto con el corazón del rey: *La gran casa de Dios* (Nashville: Grupo Nelson®, 1997).

Job, Donde el hombre cierra la boca: *La gran casa de Dios* (Nashville: Grupo Nelson®, 1997).

Nicodemo, La conversación más famosa de la Biblia: *3:16* (Nashville: Grupo Nelson®, 2007).

Jairo, La chispa de la eternidad: *Seis horas de un viernes* (Grand Rapids: Vida, 1999).

El joven dirigente rico, Los pobres pudientes: *Aplauso del cielo* (Nashville: Grupo Nelson®, 1996).

Sara, Pedro y Pablo, El reino del absurdo: *Aplauso del cielo* (Nashville: Grupo Nelson®, 1996).

Lázaro, El último testigo: *El trueno apacible* (Nashville: Grupo Nelson®, 1996).

Pedro, El evangelio de la segunda oportunidad: *Con razón lo llaman el Salvador* (Miami: Unilit, 2003).

# Acerca del autor

Max Lucado, Ministro de Predicación y Letras de la iglesia Oak Hills en San Antonio, Texas, es esposo de Denalyn y padre de Jenna, Andrea y Sara. En una buena semana, lee un buen libro, cena con su esposa y no pasa un puntaje de 90 en el campo de golf. Generalmente se contenta con los primeros dos.